三余続録

SAN'YO ZOKUROKU

吉川忠夫

TADAO YOSHIKAWA

法藏館

はじめに

「三余続録」をもって本書の書名とするのは、旧著『三余録――余暇のしたたり――』（中外日報社、一九九六年三月刊）の続編であるからだ。『中外日報』紙の「社説」欄に寄せた文章を適当に選んで成った旧著、その旧著の続篇である本書の執筆の方針は、当然のこととして旧著と変わりがない。旧著の「序文」からそのさわりの箇所を摘むならば、

――「三余」とは、冬と夜と雨降りの日。冬は一年の余り、夜は一日の余り、雨降りの日は農時の余りというわけであって、もし読書の時間がないというのであれば、これらの「三余」の時間を活用すべし、と戒めた中国三世紀の董遇《とうぐう》の故事にもとづく。「三余」ならざる時間にも絶えず読書にはげまなければならぬのが私の本業だが、ここに集めた小文は、「三余」にもたとうべき本業の余暇を利用してものしたものにほかならない。言わばすべて、余暇の滴りの作物なのだ。――内容は、身辺雑記や旅行記や読書ノートなど、要するにどれも雑文の類いに過ぎない。（中略）それでも読書ノートに属するいくらかの文章には、小さな発見もあろうかとひそかに自負している。

――「社説」の文章は、その性格上、当然のこととして無署名であり、つまり私は覆面の書き手であったわけである。「私は毎朝、新聞紙上で諸兄の署名なき文章ならびに写真を見て、かなしい気がする。（ときたま不愉快なることもあり。）これこそ読み捨てられ、見捨てられ、それっきりのもののような気がして、はかなきものを見るもの哉と思うのである」。このように、無署名の文章に対していらだち、揶揄《やゆ》の言葉を投げつけているのは太宰治だが、私も覆面の書き手であることに忸怩《じくじ》たる想いが交錯することしばしばであった。時には正体がばれたこともなく、それだけに一層、想いは複雑であった。それが今、いくらかでも覆面をはぐことができたことに、正直言ってほっとしている。

最後の文章に、「時には正体がばれたこともなく」云々とある箇所はとんでもない誤りであって、ただしくは「時には正体がばれたこともなくはなく」と二重否定でなければならない。私が中外日報社の編集部に送った原稿にはそのように記しておいたのだが、仰々しくも「中外日報創刊百周年記念著作」などと銘打たれているために刊行が急がれたせいなのか、私には何のことわりもなしにわけの分からぬ文章に改められ、印刷されてしまったのだった。それからすでに四半世紀、今ここにようやく誤りをただすことができた私は、「正直言ってほっとしている」。

旧著には『中外日報』紙の社説から五十一篇の文章を選んで収めた。その後、『読書雑志』（岩波書店、二〇一〇年刊）の第七章「記憶につながる書物」にも十一篇が収められた。「収められた」と、まるで他人事のようにいうのは、『読書雑志』が坂内栄夫さんをはじめとする数名の方々が私のために編んでくださったものだからである。そしてこのたび、私自らあらたに編むこととなった本書には、「七十二」という数字」（一九九六年十二月十七日）を最初に置き、それ以下、発表順に「碑銘のなかの美辞麗句　墓中におもねる文人たち」（二〇一四年六月十一日）を最後として、あわせて七十二篇の文章を収めるのは、ちょっとした遊び心である。

ちなみに、本書に収めた「侯外廬氏追想」（二〇一一年一月二十七日）までの文章は四百字詰原稿用紙にして四枚か五枚の分量であったのだが、「井真成墓誌の魂魄観」（二〇一一年十月二十五日）以後はせいぜいのところ二枚強と短くなるのは中外日報社編集部の方針が変わったことによる。またタイトルや文章の一部が『中外日報』掲載のものと異なる場合があるのは、断りなしに私の意にそわざる改変が編集部によってなされていたからである。これまた無署名の文章であるが故の悲しさなのであろう。そのため今回の載録にあたり、せいぜい本来の姿にもどすようにつとめ、とりわけタイトルを改めた場合にはその旨を明記することとした。

今となってはあれやこれやのことが思い出されるのだが、『中外日報』社説欄への寄稿が一九八八年四月一日に始まり、二〇一四年七月九日をもって終了するまで、すなわち私の年齢に置きかえてみるならば、五十一歳から七十七歳までの二十六年間、あわせて実に四四七回の多きをかぞえたのはわれながら驚きである。そのため、「世につれて変わる書物の形態と読書」（二〇〇〇年七月八日）の「補記」に記したような、お恥ずかしいかぎりの大ポカをやらかすことにもなったのだった。

法藏館編集部の今西智久さんには、『顔真卿伝――時事はただ天のみぞ知る――』（二〇一九年一月刊）、

『六朝隋唐文史哲論集』のⅠとⅡ（ともに二〇二〇年十月刊）につづいて、今回もまたまたひとかたならぬお世話にあずかった。どういうわけか今西さんは、相識となる以前から、『中外日報』の社説で私の執筆にかかるのではないかと思われる文章に関心を寄せて下さっていたようであり、本書の刊行に先立って、私の文章であろうと見当をつけられたもののリストをいただいたのであった。遺漏がないわけではなかったし、反対に私のものではない文章がリストアップされていたのは致し方がないにせよ、うれしいことに、およそ八割か九割がたはドンピシャだった。そのうえ、本書に収めるべき文章の入力も今西さんの手を煩わせたのであり、また「「七十二」という数字」を最初に置き、全体を七十二篇の文章で構成してはどうかというのも、実はそもそも今西さんのアイデアに出るのである。

二〇二一年七月

吉川忠夫

〈付記〉現代中国の人名に付す片仮名表記のルビ、竹内実氏が京都大学人文科学研究所の共同研究報告『五四運動の研究』第一函（一九八二年三月刊）の付録とされた『中国語の発音表記案』（一九九〇年十二月修正）に従うこと、旧著と同様である。

目次

三余続録

文中の「本欄」とは『中外日報』社説欄のことを指す。
本書収録に際して改題したものは文末に掲載時の題名を記した。

01 「七十二」という数字

三千人の多きを数える孔子の門弟たちの中で、六経のすべての学問に通じた者は七十二人であったとは、司馬遷の『史記』が孔子一生の事蹟を記すために設けた「孔子世家」の言うところ。その概数をもって七十子と称されることもある孔子の高弟たちである。一方、孔子が自分を売りこむために七十二人の諸侯のもとを遊説してまわったとは、『荘子』天運篇の言うところ。『荘子』は『老子』とともに、孔子の儒家と対立した学派である道家、その道家の立場を代表する書物である。

このように中国の書物には、その立場のいかんを問わず、「七十二」という数字を冠した言葉や概念が少なからず現われるのだ。

思いつくままにそれらのいくつかをここに列挙してみるならば——、

『荘子』の外物篇に言う。漁師の余且《よしょ》から宋の元君のもとに献上された直径五尺もあるみごとな大亀、その甲羅を剝《は》ぎとり、占いに用いたところ、「七十二鑽《さん》して遺策《いさく》なし」というすばらしい予言力を発揮した。鑽とは錐《きり》で孔《あな》をあけること。亀の甲羅に孔をあけたうえで火であぶり、そこに現われるひび割れの形によって占いをするのだが、七十二回も孔をあけて占ったところ、すべて占いが的中したというのである。

『史記』の封禅書《ほうぜん》に言う。春秋時代の覇者となった斉《せい》の桓《かん》公は、諸侯たちと葵丘《ききゅう》の地で会合した折、封禅の祭りを行なおうとした。天命を授かった王者がその政治的成功を天と地とに報告するのが封禅の祭りである。その時、宰相の管仲《かんちゅう》は、「古来、封禅の祭りを行なった者はあわせて七十二人おりますが、私が記憶にとどめているのは十二人です」、そのように言い、無懐《むかい》氏から周の成王までの十二人の名を挙げて、「彼らはすべて天命を授かり、そのうえで封禅の祭りを行なうことができたのです」と述べた。斉の桓公は覇者たるにとどまって天命を授かった者ではない、従って封禅の祭りを行なう資格はないと諫めたのである。

唐の司馬承禎《しばしょうてい》の『天地宮府図』は道教の聖地を十大洞天、三十六小洞天、七十二福地と数えあげて、七十二福地について言う。

——七十二福地は大地の名山のあたりに存在し、上帝が真人（神仙）に命じて統治させ、そこには仙道を体得できる場所が多い。

さてはまた、「三十六員の天罡《こう》星、この俗世に降臨し、七十二座の地煞《さつ》星、この人界にくだり来て」、かくして宋江《そうこう》を首領とするところの総勢百八人の豪傑が縦横無尽の活躍をする『水滸伝《すいこでん》』。

七十二人のメンバーをもって構成される書物も少なくなかった。四世紀東晋時代の霊媒であった楊《よう》羲《ぎ》なる人物は、『真仙伝』を撰述しようとしている知人の許謐《きょひつ》に送った書簡につぎのように記している。

――「撰述なさる書物にはぜひとも七十二人の神仙が必要です。すでに何人がリストアップされていますか。もし人数が足りなければ、そのことを冥界の神々に伝えてふさわしい神仙をたずねてみるべきです」。「孔安国《こうあんこく》の孔子弟子伝も七十二人、劉向《りゅうきょう》の列仙伝も七十二人、皇甫士安《こうほしあん》の高士伝も七十二人、陳長文《ちんちょうぶん》の陳留耆旧《ききゅう》伝も七十二人をもって構成されています」。

孔安国は孔子十二代の孫といわれる漢代の人物だが、彼に『孔子弟子伝』の著述があったとは伝えられていない。ひょっとすると、『孔子家語《けご》』の一篇である「七十二弟子解」のことなのかもしれぬ。『孔子家語』は、三国魏の王粛《おうしゅく》がそえた序によれば、彼の弟子で孔子二十二代の孫という孔孟《こうもう》がもたらしたところのその家に伝わる「先人の書」というふれこみだが、実際は王粛の偽作ではないかとされる書物である。劉向も漢代の人。神仙の伝記である『列仙伝』が本当に劉向の著作なのかどうなのか、疑問の点が多いけれども、本来は百四十六人を載せる予定であったものの、そのうちの七十四人はすでに仏典に出ているため七十二人を残した、と言い伝えられているのが面白い。皇甫士安は西晋の皇甫謐《ひつ》。隋代の図書目録である『隋書』経籍志は皇甫謐の『高士伝』六巻を著録している。陳長文は三国魏の陳群《ちんぐん》。陳留は現在の河南省東部の地域、耆旧とは古老というほどの意味だが、『隋書』経籍志は漢の圏称《けんしょう》と三国魏の蘇林《そりん》の『陳留耆旧伝』を著録するだけであって、陳群撰のものについてはよく分からない。

中国人はなぜ「七十二」という数字にこだわったのであろうか。そのように問うてみるならば、それが何か意味のある数字であったからに違いない。古代の中国では、五日が一候、そして三候が一節気とされた。従って、一年三百六十日は立春に始まり大寒に終る二十四節気から成り、二十四節気はさらに七十二候から成るわけであって、「七十二」は一候五日を最小の単位とするところの一年の季節の変化のリズムを象徴する数字なのであった。

中国人が「七十二」という数字にこだわった理由を、ここらあたりに求めてよいのではあるまいか。

（一九九六年十二月十七日）

02 『陳寅恪最後の二十年』

『陳寅恪最後《ちんいんかく》の二十年（陳寅恪最後的二十年）』を読んだ。陸鍵東《ルーチエントン》著、三聯書店刊、五三一ページ。一九九五年十二月の刊行だが、本屋から私に届けられたのは一九九六年七月北京第三次印刷本。三刷までの総印刷部数が四万三百冊と言えば、ちょっとしたベスト・セラーである。

陳寅恪《チェンインチュエー》は二十世紀の中国史学界を代表する巨星中の巨星。本書は、清華大学教授であった陳寅恪が共産党軍の進攻によって騒然となった北京を離れ、南京、上海を経由して広州に落ち着いた一九四九年一月に始まり、文革最中の一九六九年十月七日に七十九歳をもって世を去るまでの二十年について語るのだが、著者陸氏の叙述は至って詳細で生々しく、陳寅恪を取り巻いて織り成される人間模様はドラマチックな起伏に富む。それと言うのも、陳寅恪関係の檔案《とうあん》が存分に利用されているからだ。檔案とは文書資料のこと。一例を挙げるならば、青年時代の陳寅恪が欧米留学に先立って日本にも留学した経験を有することを知ってはいたものの、どこの学校に在籍したのかは分からなかった。ところが本書には、中山大学保管の一九五六年本人自筆の「幹部経歴表」が紹介されており、それによって東京巣鴨弘文学院に在籍したことを知ったのは、小さな喜びの一つである。檔案が存分に利用されていることに加えて、本書に一層の光彩をそえるのは随所に引用されている陳寅恪自作の旧詩であり、それらは彼の心のひだにまで分け入ることのできる確かな証なのだ。珍しい写真が適宜配されているのも効果的だが、楽しい読み物と言うにはあまりにも重い内容の書物である。

陳寅恪が広州に落ち着いた一九四九年、その年の十月に新中国が誕生し、新中国において、彼は広州の嶺南大学、さらに中山大学の教授をつとめた。広州の陳寅恪は、その死に至るまで一度としてその地を離れることはなかったが、あくまでも中国の伝統文化に沈潜しながら古今東西の諸学に通暁するその端倪すべからざる学識のゆえに、「教授の教授」とすら称されたほどの彼のもとには、すなわち彼が居を定めた中山大学内の東南区一号楼には、弟子や友人たちはもとよりのこと、政府要人の来訪もあい継いだ。副首相の陳毅《チェンイー》や科学院院長の郭沫若《クオムオールウオー》、あるいは毛沢東《マオツオトン》、その側近の胡喬木《フーチャオムー》や康《カン》生《ション》たち。だが陳寅恪は政治の人ではなく、純粋に学問の人であった。政府要人たちとの話題も、学問の範囲を踏みはずすことはなかった。

政治問題に関わることなく、「運動に参加したことがなかった」陳寅恪。しかしながら、現代中国に吹き荒れた政治の嵐は仮借なく彼にも襲いかかった。一九五八年の「厚今薄古《こうこんはくこ》——古代ではなく現代をこそ重視せよ——」運動の中で、「えせ権威、にせ科学」との罵倒を浴びせられた彼は激怒し、自ら教壇を去ることを宣告する。そして一九六六年に発動された文革は、地獄にもまがう暗黒の生を彼に突きつけた。暗黒の生。かかる表現を用いることはあまりにも残酷に過ぎるかもしれない。実は陳寅恪は、一九四五年、五十六歳の時に両目の視力を失い、さらに一九六二年、七十三歳の時、右足大腿部を骨折して寝たきりの生活を送っていたからである。そのような彼に対して、それまでは相応の生活費と食料、医薬品が支給され、数人の看護人も配備されていた。かかる優待は陳寅恪の学識に対する尊敬と畏怖のゆえであり、「厚今薄古」のスローガンのもとに批判を浴びせかけられた後においてすら、「もし陳寅恪が八十冊の書物の資料をものにしていると言うのであれば、百人の一人々々が一冊の書物の資料をものにし、それらを合計すれば陳寅恪を凌駕することができるであろう」、こんな笑い話めいたミニ運動が起こったとのこと。だが文革は、陳寅恪に与えられていた優待条件の一切を奪い、東南区一号楼からの退居を命じ、高声に政治スローガンをがなり立てる喧騒の中で彼はついに最後の息を引き取ったのである。

本書を読みおえた私の胸中には複雑な感懐が交錯するが、著者の陸氏が陳寅恪を語ることを通して何よりも伝えたかったのは、「自由な思想」「独立の精神」ということではなかったか。

一九五三年の十一月、清華大学時代のかつての教え子であり、助手をつとめたこともある汪籛《ワンチェン》が、中国科学院歴史研究所二所（中古史研究所）所長就任を要請するための使者として北京から広州に派遣されて来た。だが、陳寅恪はその要請を拒絶した。「自由な思想がなく、独立の精神がなければ、真理を発揚することはできず、学術を研究することはできない。・・・・一切はすべて小事、ただこのことだけが大事なのだ」。彼は「科学院に対する回答」の中にこのように表明している。そしてその「回答」は、「私の思想、私の主張は私が書いた王国維《ワングオウェイ》記念碑に余すところなく見える」と書き始められている。王国維は陳寅恪の清華研究院時代の同僚であり、敬仰おくあたわざる先輩であったが、一九二七年、頤和《いわ》園の昆明湖に身を投じて自ら生命を絶つと、陳寅恪撰文の「清華大学王観堂先生紀念碑銘」が立てられたのであった。その碑文には、「思想にして自由ならずんば、毋寧《むしろ》死あるのみ」、「先生は一死を以て其の独立自由の意志を見《しめ》さる」などの文句がちりばめられている。そして陳寅恪が一九五三年に著わした『論再生縁』には、「自由の思想無ければ則ち優美の文学無し」という一文すら見える。「自由な思想」「独立の精神」、それこそは陳寅恪の美学にまで高められた彼の一生に一貫する信条なのであった。

（一九九七年一月七日）

03 『唐代密宗』

周一良《チョウイーリアン》氏の『唐代密宗』を魅せられるように一気に読了した。密宗とはいわゆる密教のこと。一九九六年七月、上海遠東出版社刊。『学術集林叢書』の一冊であって、三二六ページ。周氏の著書のほとんどすべてに目を通しているはずの私は、今回もまた全ページに横溢する学識に圧倒される思いであった。周氏については、一九九五年三月四日の本欄「『周一良自伝』」を初めとして、何度か紹介したことがある。一九一三年生まれ、一九八六年まで北京大学歴史系教授をつとめた。最近のこととして、外国の日本文化研究者に贈られる山片蟠桃《やまがたばんとう》賞を受賞されたと聞く。

表紙のタイトルに、「周一良著、銭文忠訳」とあり、いささか面くらったのだが、『唐代密宗』はそもそも周氏が青年時代に米国ハーバード大学に提出した学位請求論文 "Tantrism in China" なのであって、訳者の銭文忠《チエンウエンチユウン》氏はつぎのように述べている。

——八〇年代の末、私はハンブルク大学のインド・チベット歴史文化系（現在は学院）に留学し、西洋の学者の密教研究の著作がほとんどすべてこの文章を称賛して引用していることに気づいた。拝読後、歓喜し嘆服したこと言うまでもなく、この文章を真剣に読む者は誰しも、五十年前に発表されたこの論著が依然としてわが国の中国初期密教史研究者の最高の水準を代表するものであり、今に至るまでその右に出るものはないと思うであろうと考え、かつ確信した。

本書は『宋高僧伝』の善無畏《ぜんむい》、金剛智《こんごうち》、不空《ふくう》の伝記、すなわち唐代の密教三大師の伝記を段落ごとに引用したうえ綿密にして周到な解説を加える「唐代密宗」を第一部とし、「仏学論文選」と題する第二部には二十一篇の論文が収められている。それら二十一篇の中には、山片蟠桃賞の受賞者たるに背かず、日本語を自在に操り、日本の文献にも通暁される周氏にいかにもふさわしく、鑑真や栄西や円珍のことを扱った日中文化交流史に関する文章も少なくないが、ここには「跋隋開皇写本禅数雑事残巻」の一篇を取り上げよう。もっともこの論文は、つとに一九六三年に中華書局から刊行された『魏晋南北朝史論集』に収載されている。

敦煌発見の写本「禅数雑事」は、主に後漢の安世高《あんせいこう》訳『安般守意経』に見える事数、つまり数字をともなう仏教用語について解説した書物であり、その巻尾の六行の題記の第一行には「開皇十三年十二月十八日、経生の鄭頲《ていてい》書す」と記されているという。開皇は隋の文帝の年号であって、開皇十三年は西暦五九三。

ところでこの鄭頲、実は『続高僧伝』の遺身篇に釈智命《しゃくちみょう》として立伝されている人物にほかならず、「釈智命、俗姓は鄭、名は頲」と書き始められているその伝記には、あらましつぎのような彼の事蹟が記されている。

宮仕えする士大夫でありながら、法会を歴参して仏典の講義の聴講に明け暮れていた鄭頲は、隋末の混乱の時代を迎えると、御史大夫として群雄の一人の王世充《おうせいじゅう》の幕下に参じたものの、騒がしい世情に嫌気がさして出家せんことを思い立つ。だが、彼の願いは王世充の許すところとはならず、「夜は則ち潜《ひそ》かに方等（大乗）の諸経を読み、昼は則ち公政を輯理《しゅうり》する（政務を総攬する）」、そのような毎日を送っていたのだが、ついに一日、意を決して妻ともども剃髪したうえ、王世充の宮門にかけつけてこう言上したのであった。「私め、すでに出家致しましたる故、ここにわざわざご挨拶にまかり出ました」。王世充は怒りをおさえきれず、釈智命なる僧名に改めた鄭頲を斬刑に処するように命ずる。思い直した王世充から無罪放免の命令が届けられて来た時には、すでに後の祭りであった。

かくもドラマチックな鄭頲の事蹟はよほど有名であったようであり、正史にもいくつかの記事が散見する。すなわち、『新唐書』王世充伝に「御史大夫の鄭頲は浮屠《ふと》（沙門）と為らんことを丐《もと》めしも、世充は其の言を悪《にく》んで之れを殺せり」とあるほか、『旧唐書』刑法志はつぎのような唐の太宗の言葉を録している。「人命は至って重く、一たび死すれば再び生きる可からず。昔、世充は鄭頲を殺し、既にして之れを悔いて追止せしむるも及ばず」。そして『隋書』の李密《りみつ》伝や『旧唐書』『新唐書』の同じく李密伝によると、鄭頲はがんらい王世充と対立する李密の部下であったのだが、兵士の反乱が発生して王世充に投降したのであった。激しい動乱の時代であった隋末、しかもそのうえすこぶる複雑な経歴を有したことが、鄭頲をして一層厭世の気分をかき立たせることとなったのであろうか。

鄭頲の数奇な運命を伝える『続高僧伝』や『正史』の記事を私も知らぬわけではなく、かつてある文章に記したこともある。その時、すでにそれまでに周氏の論文に目を通していたにもかかわらず、うっかり失念していたのは迂闊であったが、ともかく、中国西北辺の敦煌から発見された写本が『続高僧伝』の釈智命、すなわち鄭頲の若き日の存在をあかしてくれるのだ。ささやかでつまらぬ事実と言うなかれ。このようなことも、歴史を学ぶ者にとってはこたえられない喜びなのである。

（一九九七年一月十八日）

〈補記〉本文のほか、『中外日報』社説欄において、私は再三にわたって周一良氏の業績に言及している。すなわち、「鎮悪」（一九九四年三月十二日）、「『日本学者研究中国史論著選訳』」（一九九四年六月九日）のほか、藤家禮之助監訳『つまりは書生――周一良自伝――』（東海大学出版会、一九九五年刊）を取り上げた「『周一良自伝』」（一九九五年三月四日）の一文は『読書雑志』（岩波書店、二〇一〇年刊）にも採録されている。ちなみに鄭頲のことについて私が言及している文章とは、「六朝隋唐時代における宗教の風景」（『中国史学』第二巻、一九九二年十月発行）。鄭頲が出家して釈智命と名を改めたものの、しかしそのために彼の身におぞましい不幸が襲うこととなった顚末を叙している。

04 『中国禅思想史』

葛兆光《ゴオチヤオクワン》氏の『中国禅思想史――六世紀から九世紀まで――』を読んだ。一九九五年十二月、北京大学出版社刊、三六六ページ。著者の葛氏は一九五〇年生まれ、北京大学中文系の出身、現在は清華大学教授。目下売り出し中の文芸評論家であって、「中国文化史叢書」の一冊として書き下ろされた『道教と中国文化』は、坂出祥伸氏を監訳者とする日本語訳も存在する（上海人民出版社、一九八七年刊。邦訳は東方書店、一九九三年刊）。

「中国文化史叢書」には、『道教と中国文化』と対をなすものとして、やはり葛氏が書き下ろした『禅宗と中国文化』（一九八六年刊）も収められており、著者には他にも『門外談禅』などの著書もあるようだが、今回の『中国禅思想史』は、禅仏教を扱った本格的な著書の二冊目ということになる。

今回の著書の後記にも述べられているように、前著『禅宗と中国文化』の主要な関心は文学の問題、とりわけ士大夫の文学と禅仏教との関係であった。そのため、本来は「禅宗と中国士大夫の芸術思想」の一章だけを書けばよいつもりであったという。だがそれだけでは意が尽くされないことに気づき、「禅宗と中国士大夫の人生哲学ならびに審美感」「禅宗の興起とその中国士大夫との交流」の二章が書き加えられることになったのだというけれども、しかし前著の中心テーマはあくまでも禅仏教と文学、芸術との関わりであり、叙述の重点も宋代以後に置かれている。

それに対して今回の『中国禅思想史』は、唐代の禅仏教そのものを考察の対象とするのであって、胡適《フーシー》と鈴木大拙によって代表される従来の禅思想史研究の批判を開陳する「導言」に始まり、「達摩から弘忍《ぐにん》までの時代」「七世紀末八世紀初の禅宗の分化」「北宗禅の再認識」「荷沢《かたく》宗の再点検」、そして南宗禅について論ずる「禅思想史の大変局」の五章をもって構成されている。

なかなかの大作である本書の中から、中国禅思想史の全体についての葛氏の見通しを語っているさわりの部分を示せと言われるならば、それは恐らく二〇九ページのつぎの文章であろう。

——達摩から南宗禅までの二百余年は、インドの禅学が次第にその地歩を譲り、中国の禅宗が次第に自立した時期であって、この時期には、その中を見え隠れしながら一本の思想の脈絡が途切れることなく貫いている。

その思想の脈絡とは、所依の経典の点から言えば、『般若経《はんにゃ》』が老荘思想の影響力をたのみとして次第に『楞伽経《りょうが》』を主要な経典とする支配的な地位に取って代わったこと、思想の中心的なタームの点から言えば、瓦解力の極めて強い「空」が終始変わらず本体を恪守する「心」に取って代わったこと、修行の方式の点から言えば、直截簡便な領悟が苦しくてつらい修練に取って代わったこと、そして究極の境界という点から言えば、人の心と仏性とはまったく違いがないとする自然の観念が人の心と仏性とは互いに懸隔して（仏性こそが）清浄であるとする観念に取って代わったことである。

このような見通しの当否の判定は専家に委ねるとして、本書の最大の特色は、南宗禅との対比のもとに、ともすれば低く見なされがちであった北宗禅を再評価すべきであることを強調し、また荷沢神《じん》会《ね》の存在を過大に評価することに慎重な態度を持している点にこそ存するとしなければならない。それはほかでもなく胡適に対する異議申し立てなのであって、と言うのも、神会の思想の革新性を大いに鼓吹したのは胡適であったからである。

しかしながら、葛氏の考えるところでは、神会の出現によって北宗禅がたちまちにして勢いを失ったわけではなかった。滑台《かつだい》（河南省滑県）の大雲寺における大会で神会によって論破されたという崇《すう》遠《おん》法師も、考えられているように、北宗の神秀《じんしゅう》一派の禅師であるかどうかは大いに疑問としなければならぬと葛氏は述べている。また、神会が度僧によって徴集したいわゆる「香水銭《こうすいせん》」を軍事費として供出し、そのことで唐王朝の支持と信頼を得たのだという通説に対しても疑問を投じている。同様の事例は神会の他にも数多く見出されるというのがその理由である。

「強制をともなう修行は宗教が存在するための基礎であって、度を越した行為の自由は宗教が瓦解する前兆であり、ある宗教が目標を設けず、方法を定めず、規範を立てないなどとは想像することができない」（二八五ページ）。葛氏は神会についてこのように述べ、また南宗禅についてもつぎのように述べている。「宗教的な拘束力が完全に内在化され心化された『自然』の二字によって個人の感性と体験に融解されるならば、宗教と信仰の消失という事態を招くのではあるまいか」（三三四ページ）。

このような葛氏の発言は、世俗化し過ぎた宗教がはらむ危険性に対するいらだちの気持ちの表現であると感ぜられ、私は津々たる興味を覚えざるを得ないのである。

（一九九七年三月十三日）

〈補記〉この文章で、葛兆光氏を「現在は清華大学教授」と紹介しているのは一九九七年当時のこと。本書34「文革の犠牲者を描く『中国の冬』」（二〇〇五年二月二十四日）の「補記」にも記しているように、その後、葛氏は復旦大学に移られた。

05　千里の江陵　一日にして還る（上）（下）

長江が蜀《しょく》の地から楚《そ》の地へと流れ下る間のネックをなす三峡の大峡谷が、巨大なダムの建設によって間もなく姿を没しようとしている。三峡ダムの建設は、「蕩々《とうとう》として山を懐《いだ》き陵《おか》に襄《のぼ》り、浩々《こうこう》として天に滔《はび》る」ほどの猛威を振るう河川の氾濫を秩序づけたという禹《う》王の伝説はともかくとして、史上最大の治水工事であることに違いはない。先日も、ＮＨＫテレビがその模様を長時間にわたって放映していた。

広大な中国大陸のなかでも一、二を競う奇観である三峡は、古来、あまたの文人の紀行文のテーマとなり、あるいはまた詩にうたわれてきた。宋の陸游《りくゆう》の『入蜀記』や范成大《はんせいだい》の『呉船録』。わが国の竹添光鴻《たけぞえこうこう》も『桟雲峡雨日記《さんうんきょううにっき》』に明治九年の三峡紀行の様子を書きとめているが、三峡をうたった詩として最も人口に膾炙するのは、唐の李白《りはく》の「早《つと》に白帝城を発す」を詩題とする七言絶句ではあるまいか。

朝《あした》に辞す　白帝彩雲《さいうん》の間
千里の江陵《こうりょう》　一日にして還《かえ》る

両岸の猿声　啼《な》いて住《や》まず
軽舟已《すで》に過ぐ　万重《ばんちょう》の山

白帝城は三峡の中間の四川省奉節《ほうせつ》に存在し、前漢末・後漢初の英雄の公孫述《こうそんじゅつ》が築いたと伝えられ、また劉備《りゅうび》が無念の生涯を閉じたところとしても知られる。江陵は今日の湖北省荊《けい》州市江陵。

ところで最近、はからずもこの詩の解釈に関わる二つの文章をあいついで読んだ。一つは『小川環樹著作集』第二巻（筑摩書房、一九九七年二月刊）に収められた「李白の作詩の年代」（原載は『中国文学報』二三冊、一九七二年）。いささか長文にわたるが、小川氏の文章を以下に写す。

——有名な絶句「早に白帝城を発す」に関しては、従来彼（李白）が初めて蜀《しょく》の郷里から出て揚子江を下って行った二十五、六歳の作だとされた。長らく私もそう信じていたのだが、黄錫珪《こうせきけい》氏の『李太白年譜』（一九五八年、北京）を読み、始めて乾元《けんげん》二年（七五九）の作とも考えられることがわかった。とすればその年、李白は五十九歳であった。第二句に「千里の江陵　一日に還《かえ》る」とある。私は「還る」の字をうかつに読みすごしていた。若き李白が郷里から出て来たときの作にしては、還るの字はおかしいのではないか。黄氏の説に従って読めば、李白は夜郎《やろう》へ流されたのが途中で恩赦にあい、友人たちの多い揚子江中流より下へもどることができた、だから「還る」といったのである。この詩の軽快なテンポは、作者のあふれるばかりの喜びの情と分ちがたい。「軽舟已《すで》に過ぐ　万重の山」の句にも現われている速度の感じは、彼のおさえきれない歓喜のおもいの率直な表明でもあった。

つまり小川氏は、反乱に加担したとの疑いをかけられて夜郎（今日の貴州省北部の地）に流されることとなった李白が、その途次、罪を赦されることが決まり、白帝城から江陵へもどることを得た時の作とするのである。

私が読んだもう一つの文章は、石川忠久氏の「李白『早発白帝城』と『峨眉山月歌』について」（『東方学会創立五十周年記念東方学論集』、一九九七年五月刊）。石川氏は小川氏とは異なって、従来の通説と同様にこの詩を李白が故郷の蜀から長江を下って行った若い時の作品として読み、つぎのような解を与えている。

——若い李白（開元十三年、二十五歳説を取る）は、いよいよ白帝城を舟出しようとすると、巫山《ふざん》の神女がさし招くように行く手に朝焼け雲がたなびいている。これから中央の地へ出て、どんな恋愛が待ち受けているか、心浮き立つ思いで、千里の向こうの江陵へと一日で舟下りして行く。（浮き立つ心で舟下りすると）そそり立つ両岸の絶壁からつんざくような猿の声が響く。その悲しい啼き声に後髪を引かれ、古里の山国よ、さよなら、古里に残してきたあの娘はどうしているだろうか、と思いに沈む。その思いを振り切るように、わが乗る小舟は幾重にも畳《たた》なわる山の間を抜けていく。

私自身のこの詩についての考えは、回をあらためて述べることとしたい。

（一九九七年六月十四日）

前回（六月十四日本欄）には、李白の七言絶句「早《つと》に白帝城を発す」に関する小川環樹氏と石川忠久氏の両説を紹介した。「詩に達詁《たっこ》なし――詩にはこれと決まった一定の解釈はない――」という言葉があるけれども、李白のこの作品を若い時のものとみなすか、それとも晩年のものとみなすか、お二人の解釈はみごとに対立しているのだ。それを晩年の作品とみなす小川氏の論拠が、「還」の一字に存することはすでに見た通りである。石川氏があのような解釈を導き出されたのも、小川氏その他の諸説に対して丁寧慎重に検討を加え、さまざまの資料を引証したうえでのことであって、「千里の江陵　一日にして還る」の一句に関しては、つぎのように断案が下されているのだ。

――要するに、詩の表現として、「還る」とあるから還る意だとするほどに、厳密なものではない。それに、「還」は韻字でもあり（還・間・山）、その制約も受けている。また、「還る」意に解するとしても、白帝城と江陵の間を往還する舟の「還り舟」と見ることもできる。「還」の字があるからといって、これを根拠に晩年赦免東下の作と断ずることはできない。

右の石川説に対して、私には、「還」はやはりどうしても李白自身が「戻る」、「引き返す」の意であるとしか考えられず、従って詩全体の解釈も小川説に同調するものである。とは言え、私が小川説に同調するのは、ただ「還」一字のためだけではない。「朝に辞す　白帝彩雲の間、千里の江陵　一日にして還る」の二句が、盛弘之《せいこうし》の『荊州記』につぎのようにあるのをふまえるのに違いないと信ずるからだ。「或いは王命急ぎ宣《の》べらるれば、時として朝に白帝を発し、暮に江陵に至ること有り。其の間、一千二百里。乗《くるま》にて奔《はし》り風に御すと雖《いえど》も、疾《はや》しとは為さざるなり」。盛弘之は五世紀劉宋の人。

慌しくも王者の命令が発せられる場合には、白帝城から江陵までの一千二百里の行程を、車を駆り風に御するよりも疾く、わずか一日のうちに流れ下ることもあるというのだ。ただしそれは、王者の急ぎの命令という、よほど特別な場合に限ったことである。『荊州記』には三峡中の黄牛山について、黄牛山は巌がそそり立ち、しかもそのあたりは長江がうねうねと曲がりくねり、舟が三日三晩進んでもいつまでも眺められるため、つぎのような歌謡が生まれたという記事すらある。「朝に黄牛を発し、暮に黄牛に宿る。三朝三暮、黄牛は故《もと》の如し」。それほどまでに三峡を通り抜けるのには日数を要するのであって、今では一昔となった一九七九年の四月、三峡下りを体験した私もそのことを実感した次第であった。さすがに文明進化の今世紀のこと、その時には重慶から宜昌までが三日三晩の船旅ではあったけれども。

ところで李白には、『荊州記』が伝える歌謡をよみこんだ作品も存在するのだ。「三朝　黄牛を上《のぼ》り、三暮　行くこと太《はなは》だ遅し。三朝又た三暮、覚えず鬢《びん》の絲《いと》を成すを」（「三峡を上る」）。三日三晩、絶えず黄牛山ばかりを眺めていたら、知らぬ間に鬢の毛が絹糸のようになってしまったというのである。

李白に関しては、奇抜でオーバーな表現が云々されることがしばしばである。たとえば「秋浦《しゅうほ》の歌」に、「白髪三千丈、愁いに縁《よ》って箇《かく》の似《ごと》く長し」とうたっているのはとりわけ有名だが、そのような誇張僻を「早に白帝城を発す」の作品にまで投影させて理解するのは誤りである。李白が実際に白帝城から江陵まで一日で帰還したというわけではなかったろう。「三峡を上る」の作品に『荊州記』が伝える歌謡をよみこんだのと同様に、「早に白帝城を発す」の作品においても『荊州記』の記事を典故として、「朝《あした》に辞す　白帝彩雲の間、千里の江陵　一日にして還る」とうたったのではなかったか。流刑の罪を赦免されたことを、李白は急ぎ発せられた王者の命令によるものと深く感じ入っていたのであろう。彼の心は、白帝城から江陵まで一日で帰還したいほどの喜びで浮き立っていたのである。『荊州記』では千二百里とあるのが「千里」となっているのは、もとより七言詩に仕立てあげるための詩的造型としなければならない。

（一九九七年六月十七日）

06　『易林』

ある言葉の用例を確認するために『易林《えきりん》』に目を通した。『易林』十六巻。前漢の焦延寿《しょうえんじゅ》の撰。易の占いに関する書物であって、易の六十四卦《か》それぞれが他の卦に変化した場合の占辞（占いの判断の言葉）が一つ一つ記されている。おおむね四字をもって一句が構成される占辞は、従って六四×六四のあわせて四〇九六条。

たとえばその一つの巻六、「復」の卦が「剝《はく》」の卦に変化した場合の占辞はつぎのごとくである。「持刀操肉、対酒不食、夫亡従軍、少子入獄、抱膝独宿――刀《ナイフ》を持って肉を操《さば》くも、酒を対《まえ》にして食らわず。夫は従軍に亡《みまか》り、少子《すえっこ》は獄に入り、膝を抱きて独り宿す――」。あまり縁起のよい占辞ではない。

仄聞するところでは、テキストの文字を読みとり、ある文章なり語彙なりを即座に検索することのできる便利な機械がこの世に存在するとのことだが、そのようなものとはとんと無縁な私は、馬鹿正直に頭から『易林』のページを繰り、ともかくすべての文章に目を通した。私が目当てとする言葉はなんと最終の第十六巻に至ってようやく見出され、随分くたびれたが、しかしそれでもそれなりの収穫があったのがうれしい。
目当てとする言葉にめでたく巡り合えただけではない。占辞にけっこう面白いものが少なくないからだ。とりわけ、西王母《せいおうぼ》をテーマとする占辞がやたらと多いのが目についた。今日の王母娘々《ニャンニャン》信仰にまで連なる西王母は、崑崙山に住まうとされる女神だが、西王母が『易林』にしばしば登場するのは、漢代における西王母信仰の反映なのであろうか。そのいくつかを紹介してみよう。
——稷《しょく》は堯の使いと為り、西のかた王母に見《まみ》ゆ。拝して百福を請えば、我に善き子を賜る。（巻一）
稷は周王朝の始祖の后稷《こうしょく》。堯帝に仕えていた后稷が使者となって西王母を訪れ、すばらしい子供を授かったというのであって、つぎの二条とともに、西王母が現世利益の神として信仰されていたことを思わせる。
——三人旅《なかま》と為り、倶《とも》に北海に帰す。門に入って堂に上り、王母に拝謁す。労《ねぎら》いて我に酒を賜り、歓楽疆《きわ》まり無し。（巻一）
——中田の膏黍《こうしょ》、以って王母に享す。福を受くること千億、求むる所大いに得たり。（巻三）
膏黍はよく実のつまったきび。
あるいはまた、
——弱《じゃく》水の西、西王母有り。生きて死を知らず、天と相い保つ。（巻二）
弱水は崑崙山を取りまいて流れる川。鳥の毛を浮かべることすらできぬほど比重が軽く、力がないのでその名があるという。その弱水の西に住まう西王母は不老不死、天とともに永遠の生を保っているというのだ。

つぎのは、西王母から見離されて起こった洪水の悲劇。

——水は我が里を壊《こぼ》ち、東流して海と為る。亀と鳧《かも》は讙《さわ》がしく囂《さけ》び、王母を睹《み》ず。（巻五）

またつぎのような占辞もある。

——金牙鉄歯、西王母子。患殃《わざわい》有ることなく、舎《いえ》を扶《たすけ》んと道に渉《のぼ》り、到来すること久しからず。

「西王母子」の「子」は軽くそわっただけの文字であろう。後世、西王母は美しい女仙として形象化されるようになるけれども、ここに「金牙鉄歯」とあるように、そもそもはおどろおどろしい異形の神と考えられていたのであった。戦国時代の『山海経《せんがいきょう》』によれば、西王母は豹の尾に虎の歯、そしてざんばら髪の姿であるという。ともかくこの条には、西王母が早くこの世に到来してくれよとの願望がこめられているように感ぜられる。

焦延寿よりも時代の下ることだが、前漢も最末期の哀帝の建平四年（紀元前三）、民衆たちがわらしべやおがらを手に取って人から人へと手渡し、お札回しとよんで騒ぎまわる事件が起こった。ある者はざんばら髪に素足、ある者は夜に関所の門をたたき破り、ある者は牆壁を越えて侵入し、またある者は馬にまたがって駆けまわり、こうして宿場から宿場へと伝えて、二十六の郡と国を狂乱の渦に巻きこみながら都の長安にまで達した。そして民衆たちは歌い踊って西王母を祭り、またつぎのような書きつけがつぎつぎに回覧されたという。

――（西王）母は百姓《たみ》に告ぐ、この書を佩《お》びる者は不死ならん。我が言を信ぜざれば、門の枢《とぼそ》を視よ。当《まさ》に白髪有るべし。

これこそ、「到来すること久しからず」と『易林』に語られている西王母が実際に到来したと錯覚し、その御利益にあずかろうと浮かれ立つ民衆たちの姿であったのではあるまいか。

（一九九八年四月二十五日）

07 思いこみは恐ろしい

最近やらかしたお粗末な大ポカの話。お粗末な話だが、しばらくのつき合いをねがいたい。南宋の晁公武《ちょうこうぶ》の『郡斎《ぐんさい》読書志』の中の一字を読み誤ったことによる失敗談である。

『郡斎読書志』はつぎのような書物である。井度《せいど》、字《あざな》は憲孟《けんもう》は、四川転運使時代に書物の蒐集に熱中していたが、一日、晁公武のところに彼から一通の書簡が届いた。「某《それがし》は老いて且《まさ》に死せんとす。平生所蔵の書有って甚だ之れを秘惜するも、顧《た》だ子と孫は稚弱《ちじゃく》にして自ら樹立せず（一人前ではない）。若《も》し其れ心に名を愛すれば則ち貴き者の奪う所と為り、若し其れ心に利を好めば則ち富める者の售《か》う所と為り、恐らくは保つ能わざるなり。今挙げて以て子《なんじ》に付す。他日其の間（そちら）に好学の者有らば焉《これ》に帰せ。然らざれば則ち子自ら之れを取れ」。井度から寄託された五十箱にも及ぶ大量の書物は結局のところ晁公武の所有に帰し、晁公武はそれらを整理し校訂を加えたうえ、全体の目録を作成するとともに一書ごとに解題をそえた。それが『郡斎読書志』なのだが、その巻十三の小説類に『甘《かん》沢謡《たくよう》』なる書物が著録されている。

――甘沢謡一巻。右、唐の袁郊《えんこう》の撰。譎異《きつい》の事九章を載す。咸通中（八六〇―八七四）、久雨に疾《やまい》に臥《ふ》せて著わす所。故に甘沢謡と曰う。

「譎異」すなわち奇々怪々で不思議な物語あわせて九条から成り、長雨の病床のつれづれに綴られたものなので、「甘沢」すなわち甘い恵みの雨を書名に冠したというわけである。

ところで私は、「譎異」の「譎」の一字をうっかり「謫《たく》」と読み誤ったのであった。「譎異」ではなく「謫異」ならば、謫仙人の不思議な物語ということになる。謫仙人とは、天上の仙界で罪を犯したためにこの世に島流しにされた仙人のこと。私がうっかり読み誤ったのは、最近とみに進行の度を速めている老眼のせいもあるだろう。だがそれにもまして、私に強い思いこみがあったからに違いない。と言うのも、ある興味から謫仙人の跡ばかりを追いかけていたからだ。

「譎異」を「謫異」と読み誤った私は、喜び勇んで『甘沢謡』のページを繰った。たしかにそこには、謫仙人に関係するものとして「懶残《らんざん》」と「紅綫《こうせん》」の二条の話が見出せる。

懶残の名は明瓚《めいさん》。南岳衡《こう》山の衡岳寺の執役僧であった明瓚は、懶惰で他人の残飯を食いあさったために懶残の異名を取ったのだが、衡山に一時隠棲した名士の李泌《りひつ》は、そのただ者でないことに気づいた。李泌は、明瓚が真夜中に唱する梵唄《ぼんばい》の声が山谷に響きわたるのを聞き、「経音が始めは悽愴であるのに終りが喜悦の情にあふれているのは、きっと謫堕《たくだ》の人であるからに違いない。その時が来れば去ってゆくのであろう」と言った。「謫堕の人」とは謫仙人のことにほかならない。それからしばらくして、寺の周りに虎や豹が群れをなして集まり、毎日のように人を殺傷する。懶残は、「わしに笞《むち》を貸せ。諸君のために追っ払ってやろう」、そのように言い、みんなが後からぞろぞろついて見物に出かけると、一匹の虎が彼を口にくわえて姿を消した。つまり、懶残はこの世に島流しにされた刑期を終え、その「時」がやって来て再び仙界にもどっていったという趣向なのだ。ちなみに、『宋高僧伝』巻十九・感通篇の釈明瓚伝は『甘沢謡』のこの記事をほとんどそのままに襲ったものである。

また「紅綫」の話はつぎのようなものである。軍閥の潞《ろ》州節度使薛嵩《せっすう》の侍女であった紅綫は、主人のために魏博節度使田承嗣《でんしょうし》との和解に手柄を立てると、主人のもとを辞去するが、その際、自分の素姓を打ち明ける。自分は前世では医を業とする男子であったのだが、妊婦の治療にあたってふじもどきを服用させ、妊婦とお腹の二人の胎児を死なせてしまった。その罪のため、「この世に降されて女子と為り」、賤しい身分に落ちる羽目となったけれども、今回の手柄によって、「其の前罪を贖《あがな》い、其の本形（男子の姿）に還《もど》る」ことができるであろう、と語ったのであった。

このように、『甘沢謡』の「懶残」と「紅綫」の二条は謫仙人をテーマとしたものである。だが、そのほかの話は謫仙人とはまったく関係がない。晁公武先生は嘘を言っているのであろうか。そのような疑いを記した原稿を某出版社に渡した私は、ゲラ刷りが出てきてもう一度原文を確認してみたところ、なんと「謫異」ではなくして「譎異」とあることに気がついた。思いこみは恐ろしい。

私は大いにあわて、かなり大幅な修正をゲラに加えなければならなかった。しかも最近にはめずらしく、電算写植ではない活版印刷の組版である。印刷屋さんにも随分迷惑をかけたであろうと思うと、私の心は一層のことなえるのだ。

（一九九八年五月十九日）

08　真の師の所在を知る

中国が江南と華北に分裂していた南北朝時代のこと、北朝の北魏に生を受けた徐遵明《じょじゅんめい》（四七五―五二九）は、華北の経学の伝統がいったんほとんどすべて彼のもとに集まり、そしてあらためて彼に源を発して流れ出すと言ってもよいほどの重要な位置を占める大儒であった。経学とは、儒教の古典である五経ないし六経の学問のことである。

十七歳の時、郷里の華陰（陝西省華陰）を後にして遊学の旅に出た徐遵明は、まず上党（山西省長治）の王聡《おうそう》から『詩経』『書経』『礼記』の学問を授かり、一年で王聡のもとを辞去すると、現在の河北省の地に赴いて、中山（河北省定県）の張吾貴《ちょうごき》の学塾に学ぶ。張吾貴の学塾はすこぶる繁盛を極めていたが、しかし数カ月にして、徐遵明はひそかにこう語るのであった。「張先生は高名ではあるが、学問にぴりっとしまったところがなく、彼の講義はどうも僕の心にしっくりとこない。もっとほかの先生に就いて学びたいものだ」。かくしてあらためて友人の田猛略《でんもうりゃく》とともに、范陽（河北省涿県）の孫《そん》買徳《ばいとく》に師事する。

しかしそのもとをもわずか一年にして辞去しようとする徐遵明を、田猛略はたしなめて言った。

「君は年少にして師に就いて学問をしようと志したものの、いつも最後までやりとげたことがない。千里の遠路を遊学の旅に出ながら、どうしてそんなにあちこち動きまわるのだ。こんなことでは、とても大成の見込みはないぞ」。このように意見する相手に対して、徐遵明は「吾は今始めて真の師の所在を知る」と答え、「何《いず》こに在りや」との問いに、わが胸を指さしつつ、「正《まさ》に此《ここ》に在り」と昂然と言い放ったのであった。傲岸なまでの自信の言葉である。

それにもかかわらずと言うべきか、あるいはそれ故にこそと言うべきか、徐遵明はまだなおも遊学の旅をつづける。平原（山東省平原）の唐遷《とうせん》のところでは、あてがわれた蚕部屋に寝起きして、『孝経』『論語』『詩経』『書経』、それに三礼すなわち『儀礼』『周礼』『礼記』を読みふけり、六年間にわたって門外に出ることはなかったという。また舘陶（山東省舘陶）の趙世業《ちょうせいぎょう》の家に『春秋』の古い注釈のテキストがあることを知ると、そこにも出かけたという。

ところで、師はわが胸中にこそ存在するとし、それを恃むところの「師心」、そのような態度に対して警告を発した言葉が、徐遵明のおよそ半世紀の後輩である顔之推《がんしすい》（五三一―五九〇？）の『顔氏家訓』にある。「門を閉ざして読書し、心を師として自分こそが正しいと思いこみながら、大衆の面前で失敗をやらかす者がたくさんいるものだ」（勉学篇）。

つまり顔之推は、「師心」を独りよがりの独善にしか過ぎぬと批判するのである。『顔氏家訓』だけではない。規律規範にとらわれることのない人間の自由を謳歌するかの『荘子』においてすら、「師心」は戒められているのであって、衛の国へ教化に出かけようとしてあれこれと抱負を述べたてる顔回を、「夫《そ》れ胡《なん》ぞ以て化に及ぶ可けんや、猶お心を師とする者なり」と孔子がたしなめる言葉が人間《じんかん》世《せい》篇にある。

徐遵明は北朝の経学者であったが、同時代の南朝の経学者の何佟之《かとうし》なる人物についても、「少《わか》くして三礼を好み、心を師として独学す」と伝えられている（『梁書』儒林伝）。当時の経書の学問の方法は、一般に「注は経を破せず」と言われるものであった。注釈は経書本文の一字一句からはみ出してはならぬというのであり、従って自由な解釈は許されるべくもなかったのだが、徐遵明は、あるいはまた何佟之も、自らの心をこそ師として、そのような方法に敢然と挑戦したのである。しかし思えば、いつの時代においても、かかる挑戦なくしては学問の進歩はあり得まい。

「師心」を問題として、それを「異端的で不遜な、敢えて言えば、反体制的な精神態度を示すもの」と評されたのは、先日逝去された入矢義高先生である。『空花集』（思文閣出版、一九九二年刊）に「師心ということ」と題して収められている文章であって、その文章には、ここに引用した『荘子』も『顔氏家訓』もすでに紹介されている。

（一九九八年八月二十九日）

09　井戸と竈

漢王朝を奪った王莽《おうもう》の政権に瓦解の兆しが見え始めると、王莽に反対する反乱軍が各地に蜂起した。一世紀初頭の中国のことである。それら反乱軍の雄たるものに、山東半島に挙兵した赤眉《せきび》軍があった。王莽軍との戦闘で敵味方の区別のつかぬことを恐れ、自ら眉を赤く染めたところから「赤眉軍」と号したのである。各地の反乱軍は、やがて次第に漢王朝の血をひく劉秀《りゅうしゅう》によって討滅され、劉秀のもとに漢王朝は再生する。いわゆる後漢王朝であり、劉秀は後漢王朝の初代皇帝となる光武帝。一時は王莽の都の長安を制圧した赤眉軍も、ついに劉秀の軍門に降ることとなるのだが、降伏した赤眉軍の将軍たちに対して、劉秀は彼らの罪行をつぎのように責めたという。『後漢書』劉盆子《りゅうぼんし》伝の伝えるところである。

——諸卿は大いに無道を為《はた》らき、過ぎる所皆な老弱を夷滅し、社稷《しゃしょく》に溺《いばり》し、井竈《せいそう》を汚せり。

赤眉軍は行軍の道中において暴虐のかぎりを尽くし、老若男女を殲滅したばかりか、漢王朝の創業者の高祖劉邦《りゅうほう》の皇后であった呂太后の陵墓を発《あば》き、その屍に凌辱を加えさえした。そしてまた赤眉軍は、劉秀の糾弾するところによれば、「社稷」に小便をひっかけたというのである。「社稷」とは土地神と穀物神。それは王朝にとって最も重要な守り神であり、従って「社稷」は王朝ないしは国家の代名詞とすらなった。さらにまた赤眉軍は、「井竈」を汚辱したというのである。

「井竈」とは井戸と竈《かまど》のことにほかならないが、井戸と竈を汚辱したことが重大な罪行とされていることに関連して想起されるのは、四世紀東晋の葛洪《かっこう》の『抱朴子』微旨篇である。と言うのも、そこに道教徒の守るべき戒律が「道戒」としてこと細かに列挙され、それら「道戒」が、「善行を憎み、殺生を好み、口先では賛成しておきながら心の中では非難する」ことに始まって、「井戸を飛び越し竈をまたぎ、晦《みそか》日に歌い朔日《ついたち》に哭泣する」ことに終っているからだ。そして微旨篇は、「およそこれらの一事でも犯せば一罪となるのであり、ことがらの軽重に従って司命はその人間の算紀を奪い、算が尽きると死ぬ」と述べている。司命とは人間の寿命を管理する神であって、算は百日、紀は三百日、それだけの寿命を司命神が奪うというのである。ちなみに、「晦日に歌い」云々は、月が死ぬ晦日に歌を唱うのはわきまえ知らず、月が再生する朔日に哭泣するのは不吉、というわけなのであろう。そしてまた井戸と竈が神聖視されたのであり、微旨篇は「山川や草木、井戸や竈、ため池にもすべて精気が宿っている」とも述べている。

井戸と竈の中でも、とりわけ神聖視されたのは竈であった。六世紀梁の陶弘景《とうこうけい》の著書とも、あるいは七世紀唐の孫思邈《そんしばく》の著書とも伝えられる『養性延命録』は、「女性は竈に足をぶら下げて座ってはならぬ」と戒めるとともに、「竈に向かって罵詈《ばり》する」ことを、仙道修行者が犯してはならぬ五逆・六不祥の中の第三の不祥にかぞえている。竈がとりわけ神聖視され、またそれだけに恐れられたのは、やはり『抱朴子』微旨篇が述べているように、竈に宿る神が晦日ごとに天に昇って人間の罪状を報告すると信じられたからにほかなるまい。

ともかく『後漢書』劉盆子伝の記事は、井戸と竈を汚辱することが、社稷にいばりすることにも匹敵するほどの大罪と考えられていたことを伝えてはなはだ興味深い。そしてまた『抱朴子』などで道教徒の守るべき「道戒」とされているものが、古い時代に淵源する観念に基づき、それを継承するものであったことを教えてもくれるのである。

（一九九八年十一月七日）

〈補記〉竈が神聖視されたことについての詳細は、拙著『中国人の宗教意識』（創文社、一九九八年刊）Ⅱ「罪の懺悔」一「罪目」を参照されたい。

10 仙都福地の湊

一九五九年に出版されたライデン大学教授ツルヒヤー氏の『仏教の中国征服』は、研究者の間で高い評価を得、今日ではもはやすでに古典的な名著となっていると称してよい。その中に、道安《どうあん》についての興味深い指摘がある。道安は十月二十四日の本欄「道安法師と『素女経』」(『読書雑志』に再録)に取り上げた中国四世紀の高僧。

道安の教団は、襄陽(湖北省襄陽)の檀渓寺に落ち着くまで、折しも混乱の時代に際会して華北の各地を彷徨し、王屋山、女几《じょき》山、恒山を一時の修行の場としたのであったが、それら王屋山、女几山、恒山のいずれもすべてが、『抱朴子』の金丹篇に、仙薬を合成するのにふさわしいところとして列挙されている二十七の名山の中にかぞえられている事実をツルヒヤー氏は指摘しているのだ。『抱朴子』は、道安にいくらか先立つ葛洪《かっこう》が撰述した神仙道教に関する専著。つまり、仏教の沙門も道教の聖地に修行の場を求めたとの指摘である。

ツルヒヤー氏のこのような指摘を私なりに敷衍し、補強してみるならば、『高僧伝』巻十二・亡身篇の釈僧群《しゃくそうぐん》伝につぎのような記事がある。僧群は羅江県の霍《かく》山に住し、茅屋を構えた。海中に孤絶する霍山の山上には直径数丈の石の鉢があり、水の深さは六、七尺、絶えず清水が湧いている。古老たちの伝えでは、「ここは群仙の住まったところであり、群仙は水を飲んで飢えることがなく、それで絶粒した」と。僧群は道安と同じく四世紀の東晋時代の沙門。絶粒とは、一般に辟穀《へきこく》とか絶穀とかと呼ばれる穀物絶ちの道術。そのような僧群を、古老たちは「群仙」と呼びならわしていたのであるが、今日の福建省に存在する霍山は、やはり『抱朴子』金丹篇が「仙薬を合作」するのにふさわしい名山の一つにかぞえているところである。それだけではない。東晋時代に起源する上清派道教では、人間の生命を管理支配する神がいますところの太元司命府の所在地を霍山に擬したのであった。

また『高僧伝』巻十一・習禅篇の竺曇猷《じくどんゆう》伝。曇猷が禅定にふけったところの始豊の赤城山は、唐の司馬承禎《しばしょうてい》の「天地宮府図」(『雲笈七籤』巻二七)が道教の聖地を十大洞天、三十六小洞天、七十二福地としてまとめ上げている中の十大洞天の第六、上清玉平洞天と呼ばれる赤城山洞にほかならない。曇猷が禅定にふける石室のまわりには、いつも猛虎がうずくまり、大蛇が這いずりまわったが、一日、夏帝の子と称する山神が姿を現わし、二千余年来治めてきた赤城山を曇猷に譲り渡すことを告げて立ち去って行ったという。

あるいはまた六世紀梁の劉孝標《りゅうこうひょう》の「東陽金華山栖志」(『広弘明集』巻二四)。それによるならば、「天地宮府図」が三十六小洞天の第三十六、金華洞元天とするところの金華山に営まれた劉孝標の庵の東には、招提寺が存して碩徳の名僧が住し、寺の東南には崖の上に亭々として道観がそびえ立ち、「日ごとに却粒(辟穀)の氓《たみ》を止め、歳ごとに仙を祈《もと》むるの客を次《やど》し」ているという。

さらに時代が下って、七世紀初唐の文人の王勃《おうぼつ》は、今日の四川省に存在した仏教寺院の数々の碑文を撰しているのだが、「益州緜竹《めんちく》県武都山浄恵寺碑」に「仙都福地の湊《そう》」と叙しているのを一例として、それと類似の表現が繰り返し用いられていることにも注目される。仙都は仙界の都。福地はもとより洞天福地の福地。すなわち、道教的なエネルギーが濃密に集中しているこのような土地に仏教寺院が建立されているというのであって、かかる文章表現を、修辞の問題に過ぎぬとして簡単にかたづけてよいものなのであろうか。

（一九九八年十一月二十一日）

11　張魯、趙に内移す

最近のこと、『華陽国志』を読んでいた私は、巻八「大同志」のつぎの記事に巡り合って、いささかの興奮を禁じ得なかった。勝手な思いこみに過ぎないのかも知れないが、私にとってはちょっとした発見であったからである。

――趙廞《ちょうきん》、字《あざな》は和叔、本《も》と巴西安漢（四川省南充）の人なり。祖世に張魯《ちょうろ》に随って内移し（内地に移り）、趙に家す。趙王倫《りん》之れを器とす。

『華陽国志』は、中国四世紀の常璩《じょうきょ》の撰述にかかる地方志。現在の四川省である巴蜀を中心として、記述はその周辺の地域に及ぶ。私が巡り合ったのはたったこれだけの短い記事なのだが、それにもかかわらず興奮を禁じ得なかったのは、中国古代の道教の歴史を解明するうえの一つの鍵がここにひそんでいるのではあるまいか、と考えたからにほかならない。

この記事に登場する張魯は、祖父の張陵《ちょうりょう》、父の張衡《ちょうこう》の後を継いで、天師道とも五斗米道とも呼ばれる道教教団の第三代教主となった人物。後漢末期の混乱の時代に際会し、陝西省西南部の漢中を根拠地として一種の宗教王国を築き上げ、二十年以上にわたって神聖政治を行なった張魯であったが、しかし建安二十年（二一五）、漢中に侵攻した曹操《そうそう》の軍門に降った。張魯は曹操の軍門に降りはしたものの、相応のあつかいを受けた。『後漢書』劉焉《りゅうえん》伝や『三国志』張魯伝の伝えるところでは、張魯は鎮南将軍を拝命し、邑一万戸の閬中《ろうちゅう》侯に封ぜられ、五人の息子たちも列侯に封ぜられた。そして曹操は、張魯を「将《ひき》いて中国に還り」、客礼をもって遇したという。

その時、張魯の一家だけではなく、恐らく天師道の幹部や信者たちの一部も「中国」に、すなわち中原に移ったのであろう。趙廞の祖父も「張魯に随って内移し、趙に家す」とあるように、その一人であったのであろう。このことが天師道教団が巴蜀漢中の辺域から中国の全域に教線を拡大するそもそもの契機となったのではないか、そのように私は考えたのだ。

張魯が投降すると、曹操の部下の張既《ちょうき》は、漢中の民数万戸を長安と三輔《さんぽ》に移すべきことを進言したという。三輔とは長安を取り巻く地域であって、大長安といったところ。しかし、張魯や趙廞の祖父たちが移ったところは長安や三輔ではなかった。それがどこであったのか、『後漢書』や『三国志』ではただ「中国」とだけしか分からないのだが、『華陽国志』は趙と明記するのだ。趙は現在の河北省南部の地域。そしてそれから二世代が経ち、趙廞は趙王倫からその人物を見こまれたというのである。趙王倫は晋王朝の礎を築いた司馬懿《しばい》の第九子。咸寧年間（二七五―二八〇）に趙の地域に封地を与えられた王子であり、西晋末のいわゆる八王の乱の一人の立役者となるのだが、趙王倫が道教の信者であったことは、碩学陳寅恪《チェンインチュエー》氏の有名な論文「天師道と沿海地域との関係」にすでに指摘がある。趙王倫だけではない。その懐刀であった孫秀《そんしゅう》もまた道教信者であった。『晋書』趙王倫伝が「倫と秀は並びに巫鬼に惑《まど》い、妖邪の説を聴く」、このように伝えるのは悪意に基づく貶辞としなければならないが、要するに彼らが道教信者であったことを言うのである。趙王倫が道教に傾倒した背景として、趙の地に移った張魯とその教団のことを考慮の内に入れるべきであろう。

陳氏の論文にいささかの異議申し立てをするならば、天師道とほとんど時代を同じくして東方沿海地方に興ったまた一つの道教教団である太平道、それと天師道との区別が曖昧なこと。論文の標題に「天師道」と掲げられているものの、論述がしばしばにして太平道と錯雑するのだ。たしかに、天師道と太平道の教法は互いに似通ったところがあるものの、しかし太平道の教祖の張角《ちょうかく》は「黄巾の乱」とよばれる反乱のリーダーとなったために、太平道教団は後漢政府によって鎮圧されて跡を絶った。しかるに一方、天師道は今日にまですら続く長い命脈を誇るのである。そのそもそもの端緒は、『華陽国志』が伝えているように、張魯が趙の地に移されたことに求められるのではないか。

そして、趙王倫や孫秀が信仰したのも、その地に伝わった天師道であったのではないか。四世紀の末に至って、孫秀の族孫の孫恩《そんおん》は、道教信仰を紐帯とするところの勢力を結集し、長江下流域を舞台として、反乱に決起することになるのだが、彼の伝記には、まぎれもなく「世々、五斗米道（すなわち天師道）を奉ず」と記されている。

（一九九九年二月二十三日）

12 アミートゥオフオ（阿弥陀仏）

かつて一度は読んだことのある書物でも、あらためて読み返してみると、またそれなりに新しい興趣がわくものだ。最近、いささか根をつめて中国の僧伝類を読み返している。それら僧伝類の中の一つの唐の道宣《どうせん》撰『続高僧伝』、その明律篇の慧満《えまん》伝につぎの話がある。

慧満（五八九―六四二）が長安の弘済寺の上座であった時のこと、集仙寺の一人の尼僧、まったくの智慧見解なく、なんと道教の神である老子や神仙の諸像を鋳てひそかに供養し、道教徒を呼び集めて斎会を行なっていた。慧満はその場に臨むと、叱りつけてそのような所行を止めさせるとともに、尼僧を教団追放の罰に処し、道教の諸像を没収して太原寺に入れ、仏像に鋳直した。

そして『続高僧伝』は、それにつづいて、過去にも似たような話があったことを伝えている。六世紀の後半、北周の趙王宇文招《うぶんしょう》が今日の四川省の長官である益州総管となった時の話である。

一人の道士が老君像、すなわち道教の神様として崇められる老子の像を製作し、仏教の菩薩をその脇侍に配した。僧侶がその理不尽なことを訴え出ると、趙王はこう裁定を下した。「菩薩は已に成れば、壊《こぼ》つ可からず。天尊は宜しく一階の官を進め、乃ち寺中に迎え、改めて仏相に同じくすべし」。

天尊とは、つまり老君像のこと。それに位階を一階級昇進させたうえ、仏教寺院に迎え入れ、仏像に鋳直せというわけ。

慧満の話にせよ、北周の趙王の話にせよ、いずれも仏教と道教の両者が何の区別もなしにごっちゃに受け入れられていたことを伝えているのだが、このような話を読んで今まざまざと思い出すのは、四川省の省都である成都の青羊宮を訪れた時のことだ。手帳を繰ってみると、一九八四年の五月十五日午前のことである。青羊宮はいわゆる老子化胡の話の発端をなす土地に建立された道観であって、老子は西方の胡人を教化すべく旅立つにあたり、その地にともなう弟子の尹喜《いんき》とここで落ち合ったというのであり、唐末の楽朋亀《がくほうき》の「西川青羊宮碑銘」にはそのような因縁が長大な文章をもって綴られている。

その日、錦江飯店に宿泊していた筆者は、王家祐《ワンチアヨウ》、李遠国《リーユアングオ》両先生の案内で青羊宮を訪れたのだった。王先生は四川省博物館の所属、そして成都市道教協会顧問。李先生は四川省社会科学院哲学研究所研究員。余談ながら、王先生は四川省の学統に深くつながる蒙文通《モンウェントン》氏の教え子とのこと。李先生は今や人も知る高名の道教学者だが、そもそもは博物館の図書室で熱心に読書にふけっている姿を見て感心した王先生が社会科学院に推薦されたのだと、その時聞いた。

青羊宮に到着したわれわれを出迎えて下さったのは、青羊宮の管長で成都市道教協会副会長を兼ねられる張元和《チャンユアンホー》師。高齢にもかかわらず大患を克服され、信者の篤い帰依を集めておられるとのこと。広大な青羊宮の境内は参詣と遊山の客で賑わい、爆竹がはじける威勢のよい音まで聞こえてくる。

そんな時、突然一人の老婆が張師の前に跪いて拝礼し、「アミートゥオフオ」と小声で唱えたのであった。一瞬わが耳を疑ったが、「アミートゥオフオ」とは阿弥陀仏に違いない。怪訝《けげん》な表情を示した筆者に、「民衆の信者にとっては、道教と仏教の違いはないのです」と李先生が説明された。すでに十五年も昔のことなのだが、「アミートゥオフオ」と唱えたあの老婆の声は、今でもありありと耳朶《じだ》に残っている。

（一九九九年九月二十八日）

13　瞋りと喜びとを以て仏事を作す

『東坡志林《とうば》』は、北宋の大文学者である蘇軾《そしょく》（一〇三六―一一〇一）、号は東坡の筆記。その巻三に収められた「故《もと》の南華長老重弁師逸事」の一文はつぎのように書き始められている。

――契嵩《かいすう》禅師は常に瞋《いか》り、人未だ嘗って其の笑うを見ず。海月慧弁《えべん》師は常に喜び、人未だ嘗って其の怒るを見ず。予は銭塘（杭州）に在って親しく二人の皆な趺坐（結跏趺坐）して化（入滅）せしを見たり。嵩既に茶毘《だび》せられしも、火は壊《こぼ》つこと能わず、薪を益し熾《さか》んにするも、終《つい》に壊たれざる者五有り。海月は葬らるるに比《およ》んで、面は生けるが如く、且つ微笑す。乃ち知りぬ、二人は瞋《いか》りと喜びとを以て仏事を作《な》せしことを。

蘇東坡が契嵩と慧弁と相識となったのは、杭州の通判であった時代のこと。契嵩は『輔教編』や『鐔津文集《たんしんぶんしゅう》』などの著作で知られる禅僧だが、茶毘に付されてもなお五物が残ったとのことは、釈文瑩《しゃくぶんえい》の『湘山野録』にもつぎの話がある。

――吾が友の契嵩師は、熙寧四年（一〇七一）、余杭（杭州）の霊隠山翠微堂に没す。人葬り訖《おわ》るも、壊たれざる者五物。睛《ひとみ》、舌、鼻及び耳毫（耳の毛）、数珠なり。

一方の慧弁の示寂は熙寧六年（一〇七三）。その人の「真賛」、すなわち頂相の賛は蘇東坡の筆になるのであって、「海月弁公真賛」にそえられた序には、杭州の僧官である都僧正をつとめていた慧弁との交流がしみじみと語られている。

——毎《つね》に往きて師に見《まみ》え、清坐して相い対し、時に一言を聞けば、則ち百の憂いも氷解し、形（肉体）と神（精神）は倶《とも》に泰《やすら》かなり。因って悟る、荘周《そうしゅう》言う所の東郭順子《とうかくじゅんし》の人と為り、人貌にして天虚、縁《よ》りて真を葆《たも》ち、清くして物を容《い》れ、物、無道なれば、容《かたち》を正して以て之れを悟らしめ、人の意をして消せしむとは、蓋《けだ》し師の謂《いい》なるかと。一日、師は疾《やまい》に臥《ふ》し、人を使わして余の山に入らんことを請わしむ。適《たまた》ま未だ暇あらざる所有って、旬余（十日余り）にして乃ち往けば、則ち師の化すること四日なり。遺言すらく、余の至るを須《ま》ちて乃ち棺を闔《と》ざせと。趺坐して生けるが如く、頂は尚お温かなり。

東郭順子は『荘子』田子方篇に登場する人物。人間の容貌をしているものの、心は天のようにからりとしており、何事も人に従って行動しながら自分の本質を失わず、清純にすべてを包容し、相手が無道であれば自分の姿を正してその非を悟らせ、相手の邪念をきれいさっぱり消滅させる、というのだ。

それにしても、『東坡志林』が伝えているところの契嵩と慧弁の人となりの対比はこの上なく面白い。

契嵩はよほど謹厳な人柄であったようであって、文瑩もまた「余は昔、其の累夕講談し、音は清磬《せいけい》

（磬は石製の楽器）の若《ごと》く、未だ嘗つて少《いささ》かも嗄《しわが》れざるを怪しみしも、終りに及んで方《まさ》に其の験を得たり」と語っている。「其の験」とは、もとより五物が焼け残ったこと。契嵩とは対照的に慧弁は温容の人だったのだが、しかし蘇東坡の考えるところ、二人はそれぞれに「瞋」と「喜」によってどちらも「仏事を作《な》し」ていたというのだ。

「仏事を作す」とは、仏法に導くための方便というほどの意味なのであろうか。それとも、仏を慶讃するという意味なのであろうか。

（一九九九年十一月四日）

14 『積微翁回憶録』

昨年（一九九九年）から今年にかけて、書物の移動で大わらわ。狭いながらも、かろうじて書庫と呼べるほどのものが陋屋の一隅に完成したからだ。これまで雑然と積み上げられていた書物の一冊ずつを手に取ってほこりを払うのも、書物に対する優しいいたわりと思えば苦にはならない。

それらを木の香がまだ充分に残る書庫に運びこみ、整理を加えて書架に排列するのも楽しい。できることなら、すべての書物の背表紙が見えるように排架したいのだが、限られた空間のこととてしょせんはかなわず、貧乏所帯のやり繰り算段、二重に三重にと詰めこむ仕儀となる。どの棚にどのような類の書物を排架するのが最も機能的で効率的か。そんなことに頭をなやませながらの作業だから、なかなかはかどらぬ。

それにしても、これまで積んどくだけですませていた書物の何と多いことか。あれあれこんな書物も買っていたのか、とぱらぱらページを繰ることもあれば、時には最後まで読み通すこともあって、作業は一層遅滞する。

そんなこんなで最後まで読み通すこととなった中の一冊は『積微翁回憶録』。積微居を書斎名とした楊樹達《ヤンシューダア》氏の日記体の自叙伝だ。楊樹達、一八八五―一九五六、湖南省長沙の人。二十世紀の中国を代表する古文字学、訓詁学の大家の一人である。

楊氏は若くして日本に留学し、最初は東京、ついで一九〇九年から一九一一年までは京都の第三高等学校に在籍した。そのためか、後々まで日本人学者との往来が盛んであり、とりわけ狩野直喜に対する熱い想いが随所に語られている。狩野は内藤湖南とならんでいわゆる京都シナ学の礎を築いた京大文学部の初代教授。たとえば一九二七年十月三十一日、狩野を北京飯店に訪れた時の記録。「先生、余の書（『漢書補注補正』）を誉めて已《や》まず。余は昔、京都に留学し、時に先生は京都大学教授に任じ、毎日先生の門を過ぐ。余因って言わく、先生の此《かく》の如く過褒せらるるは、蓋《けだ》し後進を激励せんとの意より出でんと爾《しか》云う。先生曰わく、此れ殊に然らずと。因って言う、平生最も『漢書』を読むことを喜《この》み、之れを愛して手より釈《す》つるに忍びず。向《さき》に嘗って英（イギリス）、法（フランス）の文学を治めしも、文章の工《たく》みなること、未だ『漢書』の若《ごと》き者有らず。蓋《けだ》し各国小説の上に超出すと云う。此れを以て先生の確として真知灼見有って、其の他の日本人の能く望む所に非ざることを知るなり」。狩野の『漢書』癖は有名であった。

また一九三〇年七月三日、日本を再訪した時の記録。「狩野君山博士を訪う。久しく待てども出られず、方《まさ》に之れを怪しむ。既に出らるるや、則ち中国服の馬褂長衫《ばかちょうさん》に易《あらた》めて中国の賓を接待し、以て敬を為さるるなり」。

その後、日本と中国の両国は不幸な関係に陥り、楊氏は北京の清華大学から故郷長沙の湖南大学に移る。長沙にも日本軍機が飛来して爆撃を被り、日本軍の蛮行に対する楊氏の憤りは激しいが、それでも終戦を迎えると、日本人の中でまず最初に気にかけているのは狩野博士のことであり、その安否を確かめている（一九四七年六月二十九日）。

『回憶録』の行間のはしばしから、人間の好き嫌いの激しい、黒白のはっきりした楊氏の人柄が伝わってくる。そして何よりも感服するのは、あわただしい時局の最中でも毎日かかさず何がしかの学術的な文章を書きつづけていることだ。さりとて楊氏はユーモアを解さぬ人ではなかったようである。いささかブラック・ユーモアの類に属するが、思わず吹き出した一条を最後に一つ。「同学の陳季雲（文祥）、貴陽より来たって近事を談ず。謂わく、胡元倓《こげんたん》は六十七歳の老人を以て少女に求婚し、其の払袖に遭いて（ふられて）地に仆《たお》れ病を致して死すと。胡は素《もと》より学無きも、時会に因縁し、辦学《はんがく》を以て起家し（学問商売で一旗揚げ）、遽《にわ》かに自ら矜許《きょうきょ》し（鼻にかけ）、目に一切を空にす。死の年を待ちて自ずから底里を露《あら》わす（化けの皮がはがれた）」（一九四一年三月七日）。

（二〇〇〇年二月三日）

〈補記〉狩野直喜の『漢書』愛好癖については、拙文「『史記』びいきの内藤湖南と『漢書』びいきの狩野君山」（『書論』三九、二〇一三年刊）を参照していただければ幸いである。君山は狩野直喜の雅号。

15 「畬山謡」を今に聞く

地球規模の環境破壊が叫ばれるようになってから久しい。

スペースシャトル「エンデバー」に日本人の毛利衛さんが八年ぶり二度目の搭乗を果たしたのは二月のこと。地球の立体地形図を作るのが今回の飛行の主要な目的であったと聞く。「地球は青い」とのメッセージを送ってきたのは、たしか最初の宇宙飛行を行なった旧ソ連のガガーリン氏であったと記憶するが、毛利さんの宇宙からの報告によると、われわれの地球上の森林破壊による緑地の侵食と都市化の進行の状況が今やはっきりと手に取るように認められるという。

そんな折も折、近代科学とも現代の社会ともおよそ縁遠い『五灯会元《ごとうえげん》』の書見をしていて、巻六の南岳玄泰《げんたい》禅師章で「畬山謡《しゃざんよう》」なるものに巡り合った。玄泰は石霜慶緒《けいしょ》の嗣法というから、唐末五代の人である。

畬山とは中国南方の山岳地帯に住まう少数民族の間で一般的に行なわれていた焼畑農業のこと。宋の許観《きょかん》の『東斎記事』に、「沅湘（現在の湖南省）の間は山多く、農家は惟《た》だ粟を植う。且つ多く岡阜（丘陵地）に在れば、毎《つね》に布種せんと欲するの時、則ち先ず其の材木を伐《き》り、火を縦って之れを焚《や》く。

其の灰と成るを俟《ま》ちて即ち其の間に播種す。是《かく》の如くすれば則ち収むる所は必ず倍す」とある。玄泰が住した南岳は、中国を代表する五名山、すなわち五岳の一つの衡山《こう》であって、まさしく湖南省に存在する。

中唐の詩人の劉禹錫《りゅううしゃく》に「畬田作」と題する作品があり、「紅き焔《ほのお》は遠く霞と成り、軽き煤《すす》は飛びて郭に入る。風は引きて高き岑《みね》に上り、猟猟として（ひゅうひゅうと）青き林を度《わた》る」などとうたっているのだが、山岳民の焼畑農業による自然破壊が次第に拡大するのをおそれた玄泰は、「畬山謡」につぎのようにうたったのであった。

——畬山の児、畬山の児、知る所無し。年年斫断《しゃくだん》す（切り倒す）青山の嵋《みね》。就中《なかんず》く最も好きは衡岳の色なるも、杉と松は利《するど》き斧にて貞《すなお》なる枝を摧《くだ》かる。霊《くすし》き禽《とり》も野の鶴も因依する（身を寄せる）ところ無く、白雲は回避して青き煙飛ぶ。猿と猱（小猿）は路絶えて巖崖《がんがい》より出で、芝《きのこ》と朮《おけら》は根を失いて茆《かや》草のみ肥ゆ。年年斫《き》り罷《おわ》って仍《な》お再び鉏《す》き、千秋終《つい》に是れ初めに復し難《がた》し。又た道《い》う今年は種《ま》くこと多からず、来年は更に当陽坡《とうようは》を斫《き》らんと。国家の寿岳すら尚《な》お此《かく》の如し、知らず此の理之れを如何《いかん》せん。

寿岳は南岳衡山の別名であるが、ところで玄泰のこの「畬山謡」、世間で盛んにうたわれて天子の耳にまでも達し、かくして畬山禁止の詔が下ったのであった。「岳中の蘭若《らんにゃ》（僧院）、復《ま》た延燎（延焼）すること無きは師の力なり」、このように『五灯会元』は伝えている。

しかしわれわれは、「畬山謡」がうたわれたのと同じ時代に、禅寺そのものが焼畑によって耕地を切り開いていたことを、たとえば「雪峰《せっぽう》普請《ふしん》して畬田せし次《とき》、一蛇を見て杖を以て挑起《ちょうき》し（ひっかけ）、衆を召して曰わく、看よ看よと。刀を以て芟《き》って両段と為す」（巻七・玄沙師備禅師章）などとあるのによって知るのである。そしてほかならぬ今現在、寺院建築の修理のために外国の森林で伐採された輸入木材が少なからず用いられているとのことをごく最近の新聞記事によって知った。複雑な思いなしにはすまされない。

（二〇〇〇年三月四日）

16　世につれて変わる書物の形態と読書

書物がさっぱり売れない、と言われるようになってからすでに久しい。どこの出版社も小売店も悪戦苦闘のようである。たとい粗末な仙花紙であれ、活字が印刷されているものであれば飛ぶように売れたというのは、半世紀以上も昔の夢物語である。

書物がさっぱり売れなくなったのは、バブル崩壊のせいばかりではないだろう。活字ならざるテレビやインターネットなどの新たなメディアの登場に起因するところが大きいのではないか。今やインターネットを通じて文献が引き出せるのだから、書物そのもののありよう、あるいは書物と読み手、ないしは社会との関係が変化しつつあるのだ。

歴史を振り返ってみると、書物が対社会的なありようを改めたのは今回が最初のことではない。とりわけ写本から印刷による版本へと書物の形態が変化した時代。中国で木版印刷が次第に普及し始めるのは宋代のことであったが、北宋の葉夢得《しょうぼうとく》（一〇七七―一一四八）の『石林燕語《せきりんえんご》』巻八につぎの記事がある。

――唐以前、およそ書物はすべて写本であって、まだ印刷術はなく、人々は蔵書を大切にした。

人々は書物をそれほど所有してはいなかったが、蔵書家は校勘に精密であり、それ故往々にして善本が存在した。学者たちは書物の書写に苦労がともなったため、その読書も精密詳細であった。五代の時代に、馮道《ふうどう》が初めて奏請して官刻の六経が印刷刊行された。国朝の淳化年間（九九〇―九九四）にさらに『史記』『漢書』『後漢書』を担当官に付して印刷させ、それ以後、刊刻される書物はますます多くなり、士大夫はもはや蔵書に熱意を示さなくなった。学者たちは容易に書物が得られるものだから、その読書も杜撰《ずさん》粗略となったが、しかし版本にはまったく校正の手が加えられず、誤りがないわけではない。世間ではもっぱら版本を正しいと思いこみ、しかも蔵本は日ごとに失われ、その誤りを正しようもない。とても残念なことである。

葉夢得の考えるところ、写本の時代から印刷の時代に変わって書物の入手は容易になったものの、その半面、校正の施されない粗悪な書物が流布するに至り、ひいてはまた読書も粗略になったというわけだ。

北宋きっての大詩人である蘇東坡《そとうば》（一〇三六―一一〇一）も「李氏山房蔵書記」と題した一文につぎのように記している。

――私は老儒先生にお目にかかる機会に恵まれたが、言われるのには、若い頃、『史記』や『漢書』を求めようとしてもなかなか見つからず、幸いに見つかると、自分で書写し、日夜誦読し、ただひたすら後れを取ってはなるまいとの一心であったと。近年、商売人は諸子百家の書物をつぎつぎに刊行すること日ごとに一万葉にも達し、学者にとって書物が豊富で入手するのに容易なこと、かくの通りである。その詩文学術は古人に何倍も優るべきはずであるのに、しかるに科挙目当ての後輩連中は誰しも書物を束《つか》ねたままで目を通そうとはせず、勝手な議論をするばかりで根底がない。これは一体何たることか。

さらにまた南宋を代表する詩人の陸游《りくゆう》（一一二五―一二一〇）。彼もこう慨嘆している。「近世の士大夫、至る所喜《この》んで書版を刻するも、略《あらま》し校讎（校勘）せず。錯本の書（誤ったテキストの書物）、天下に散満し、更に学者を誤らす。刻せざるの愈《まさ》れるに如《し》かざるなり。以て一歎す可し」（『放翁題跋』巻一「跋歴代陵名」）。

このように新たに印刷の時代を迎えた宋代の人たちは、往時の写本の時代を懐かしんでさまざまの感慨をもらしている。

今やもはや写本を望むべき時代ではないけれども、たとい活字印刷の書物であれ、筆者には無機的で味気ないパソコンの画面よりもその装丁やインキの香りや紙質の手ざわりを楽しみたい気持ちが強い。そして宋代の人たちと同様に、新たな時代を迎えて読書が杜撰粗略になりはしないかと恐れるのだ。

（「世につれ変わる書物の形態と質」　二〇〇〇年七月八日）

〈補記〉　この文章の九年後の執筆にかかる「摘み食い読書の陥穽」（二〇〇九年十月二十四日）をあらた

めて読み返してみて、その主旨と内容が大いに似ることに気づいた。迂闊な仕儀、と恥じざるを得ない。その文章は、中野三敏氏が岩波書店のPR誌『図書』に連載されていた「和本教室」の第一六回「「刊」と「印」と「修」について」に、「江戸時代を通じての手書き写本と木版印刷物（板本）の量は恐らく五分五分と見るべく」とあるのを引いたうえ、中国では日本とは異なり、つとに宋代において写本の時代から刊本の時代への劇的な変化が認められることを論じているのだが、やはりそこにも葉夢得と蘇東坡の文章を引いていたのである。葉夢得と蘇東坡につづいて引いているのが陸游の文章ではなく、朱熹のつぎの文章であるのがせめてもの救いであろうか。「南宋の大学者の朱熹《しゅき》（一一三〇―一二〇〇）もまた蘇東坡のこのような慨嘆の言葉を一つの引証としつつ、「昨今の人たちが読書をなおざりにするのは、印刷された書物が多くなったからである」、「昨今の人たちは書写することすら面倒がって、それで読書がなおざりにされるのだ」などなどと語っている」（『朱子語類』巻一〇「読書法」）。

17　老境を迎えて仏の脚を抱く

中唐の詩人の孟郊《もうこう》、字《あざな》は東野《とうや》（七五一―八一四）の「読経」と題した五言古詩はつぎのようにうたい起こされている。

――垂老　仏脚を抱き、妻をして黄経を読ましむ。

黄経とは「黄巻赤軸」、つまり仏典のこと。仏典は黄色の紙に書されたからこのように呼ばれる。孟郊が妻に読ませた仏典は、それにつづけて「経は黄にして小品《しょうぼん》と名づく」とうたっているように、玄奘《げんじょう》訳の六百巻『大般若』ではない鳩摩羅什《くまらじゅう》訳の十巻本の『般若経』だったのだが、それはともかく、その詩のうたうところは、老境を迎えて仏の脚にすがりつきたい気持ちから、そこで細君に仏典を読んで聞かせてもらうことにしたという意味。

ところで、北宋の劉攽《りゅうひん》の『中山詩話』につぎの一話がある。王丞相は諧謔好きだった。一日、沙門のあり方について語り合った折、「老に投じて僧に依らんと欲す」と言うと、その場に居あわせた一人のおとこが言うのには、「急なれば則ち仏脚を抱く」と。王丞相が「老に投じて僧に依らんと欲すとは是れ古詩の一句なり」と言えば、そのおとこ、「急なれば則ち仏脚を抱くとは是れ俗諺の全語なり。上より投を去り、下より脚を去れば、豈《あ》に的対ならずや」とやり返し、そこで王丞相は大笑いした。

王丞相とは王安石のことか。「老に投じて――投老――」も「垂老」と同じく老境に臨んでという意味なのだが、ともかく、「老に投じて僧に依らんと欲す――投老欲依僧――」という古詩の「投」と「急なれば則ち仏脚を抱く――急則抱仏脚――」という俗諺の「脚」を取っ払えば、「老欲依僧」「急則抱仏」という見事な対句になるというのだ。「投」は「頭」と通じ、頭と脚を切り捨ててしまえば、という点にこの話の味噌が存するのであろう。それで王丞相は大笑いしたのであろう。「急なれば則ち仏脚を抱く」という俗諺の意味するところは、仏と神との違いこそあれ、苦しいときの神頼みというほどのこと。

時代が下って、明の張誼《ちょうぎ》の『宦遊紀聞《かんゆうきぶん》』に、「抱仏免罪」と題したこんな話を載せている。雲南のある蕃国はなかなかの仏教国。死刑に当たる罪を犯した者を国王が捕らえようとすると、お寺に駆け込んで仏さんの脚にすがりつき、「どうか頭を剃って僧侶となります。二度と過ちは繰り返しません」、そう誓うと国王も罪を免じ、かかる次第でその国には僧侶が多いのだと。そしてそのうえでこう言っている。「俗諺に、間時（何ごともない時）には焼香すらせざるも、急来たって仏脚を抱くと云うは、蓋《けだ》し諸《これ》を此れに本づく」。

「急なれば則ち仏脚を抱く」という俗諺。また孟郊は「垂老　仏脚を抱く」とうたい、王丞相は「老に投じて僧に依らんと欲す」と言っている。ところで『朱子語類』巻一二六の「釈氏」に、南宋の朱子先生のつぎのような厳しい言葉が記録されている。「士大夫が晩年になって仏の教えに溺れる者が多いのは何故でしょうか」との問いに答えた言葉である。士大夫とは、今で言えばインテリ。

——自己の本源がまったく分からず、ただほんのわずかの文字が読め、ほんのわずかの文章を書き、ほんのわずかの仕事をして爵位俸禄を手に入れる道具としようとしてきたからだ。ところが仏教は高尚でまったく玄妙、おまけに手間が省け、こちらの負け、仏教に馬鹿にされているのだと兜《かぶと》を脱ぎ、そこであっさりとその説に溺れて引きずりこまれてしまうのだ。

北宋の文人の欧陽修《おうようしゅう》も、「比《ちか》ごろ当世の知名の士を見るに、少壮の時に方《あた》っては力《つと》めて異説を排せしも、老病にして死を畏《おそ》るるに及んでは則ち心を釈老に帰し、反《かえ》って之れを得ることの晩きを恨《おそ》む者、往々にして此《かく》の如し」、このように述べている(「唐徐浩玄隠塔銘題跋」)。

異説とは仏教の教え。釈老は仏教と道教。ことほど左様に人間は弱いもの。欧陽修や朱子先生には怒られようが、よほどの覚悟がないかぎり仏脚を抱きたくもなるというものなのではあるまいか。

(二〇〇一年二月十七日)

18　三惑、四欲への自戒と生の活力

人間の欲望には限りがない。欲望に歯止めがきかなくなると、身の破滅を招く結果ともなりかねないために、古来、さまざまの自戒、他戒の言葉が遺されてきた。

仏教では人間の欲望を五欲とも六欲ともとらえ、一説には情欲、色欲、食欲、婬欲を四欲として数えている。また中国の後漢時代の人である楊秉《ようへい》は、「我に三不惑有り。酒、色、財なり」と誇らしげに語ったという。そのことは『後漢書』の彼の伝記の巻末にそえられた賛においても、「秉は三惑を去る」と表現されている。

たしかに楊秉は、「性として酒を飲まず、又た早くに夫人を喪《うしな》うも遂に復《ま》た娶らず」と伝えられるほか、地方長官となると、「日を計りて奉（俸）を受け、余禄は私門に入れることがなかった」という。実際に勤務した日数分の給料だけしか受け取らず、その他はいっさい自分の財布に入れなかったというのだ。

楊秉は二世紀の人物だが、十二世紀の金の時代の王重陽《おうちょうよう》が、やはり酒、色、財にくれぐれも用心するようにと繰り返し諭しているのは、遥か遠く千年をへだてての楊秉の戒めのエコーなのであろうか。

王重陽は今日においても道教の一大勢力を誇る全真教の創始者にほかならない。ただし王重陽の場合には、酒、色、財に「気」を加えて四害と呼んでいるのであって、その名もずばり「四害」を題とする「西江月」の詞《ツー》は、「歎くに堪えたり酒色財気、塵寰《じんかん》（世俗）は此の長迷を被《こうむ》る」（『重陽全真集』巻八）とうたい起こされているほか、「酒」「色」「財」「気」をそれぞれ詩題とする連作も存在する（同巻一）。

あるいはまた弟子の馬《ば》丹陽《たんよう》が重い病気にかかった時にも、「凡そ人の入道せんには、必ず酒色財気、攀縁愛念（外物に対する執着の心）、憂愁思慮を戒めよ。此の外《ほか》に更に良薬無し」と語ったところ、たちまちにして快癒したという（『甘水仙源録』巻一「馬宗師道行碑」）。「気」とは激情のこと。権勢欲も、広い意味で「気」に含めることができようか。

ちなみに、王重陽のおよそ一世紀後の人である南宋の真徳秀《しんとくしゅう》が、章応龍《しょうおうりゅう》なる人物にも「酒」「色」「財」「気」を詩題とする四詠が存在すると伝えているのは（『真文忠公文集』巻三六「跋章翔卿詩集」）、北中国に興った全真教の影響が早くに江南の南宋に及んでいたことの一つの証としてもよいのかもしれない。

もっとも全真教の中でも、人間の最大の欲望を酒、色、財、それに加えて気とすることに決まっていたわけではなかったらしい。たとえば全真教第六代の教主となった尹志《いんし》平《へい》は、「修行の害、食と睡と色の三欲を重しと為す」と考え（『秋澗先生大全文集』巻五六「尹公道行碑銘」）、三欲の中でもとりわけ睡欲すなわち眠りたいという欲望を最大のものとして退けている。北京の華陽観における彼の説法の記録にもつぎのようにある。

——修行上の害として、三欲が重大だ。食欲を節制しなければとかく眠くなり、睡欲がとりわけ重大であって、情欲がそこから生まれるのだ。（『清和真人北遊語録』巻一）

かくして全真教では、昼夜眠ることのない修行が煉陰魔とか消陰魔とかと呼ばれて重要視されることにもなったのであった。

人間の欲望の止めどもない肥大化はたしかに困りものである。だがそのいくらかは、反面において生の活力の源泉でもあるだろう。とりわけ尹志平が敵視した睡欲。今や時は春。「春眠《しゅんみん》暁を覚えず」とうたったのは唐の孟浩然《もうこうねん》だが、いったん目覚めて後のしばしのまどろみ。それにつづけて「処々に啼鳥を聴く」とうたわれているように、チチと鳴く揚げ雲雀の声でも枕辺にとどくならば、その味わいはまた一層格別だ。

（二〇〇一年三月二十二日）

〈補記〉葛兆 光《ゴオチャオクワン》氏の『禅宗と中国文化』（上海人民出版社、一九八六年刊）は、「酒」「色」「財」に加えて「気」が否定の対象とされる傾向は、宋代以後、元、明と時代が下るにつれてますます深まったという。そして葛氏は、豪邁の気性にも通じるところの「気」が抑えられ、消極的な人生哲学が鼓吹されるに至ったことに、現在を生きる中国人としての不満を表明している。そのこと、「三惑から四害へ　宋代以後の変遷」（二〇〇四年二月二十八日）に紹介した。

また全真教の「煉陰魔」ないし「消陰魔」のこと、「眠りたい欲望と格闘した全真教」（二〇〇四年三月十八日）でやや詳しく取り上げ、王重陽の弟子の世代に至って、「酒」「色」「財」「気」のほか、あらたに睡眠が退けられるようになった次第を述べている。いささか長文にわたるけれども、必要な箇所を以下に引く。

たとえば王重陽の弟子のなかで最も有名な長春真人丘処機《きゅうしょき》。陳時可《ちんじか》撰の「長春真人本行碑」（『甘水仙源録』巻二）に「昼夜寐《い》ねざる者《こと》六年」とあるのを始めとして、『金蓮正宗記』巻四の長春真人章には「睡魔と戦い、雑念を除き、前後七載、脇は席を占せず（脇をベッドにつけて眠ることはなかった）」とあり、また丘処機の弟子の尹志平《いんしへい》は丘処機自身が語ったところをつぎのように伝えている。「私はただ祖師（王重陽）と結縁すること、かねてから深かった。昔、磻渓《はんけい》にいた日のこと、塩を口にさせてはもらえず、夜半にならなければ睡らせてはもらえぬほどで、些細なことまで一つひとつ点検を蒙ったものである」（『北遊語録』巻四）。丘処機が陝西省宝鶏市の東南の磻渓を修行の場としたのは、王重陽がすでに仙去した数年後のことであって、従ってこの言葉は、師の仙去後においても厳しく点検を受けるほど、それほどまでに二人の結縁の深かったことをいう。

そして全真教では、睡眠の欲望と格闘することを「消陰魔」と呼んだこと、王惲《おううん》撰の尹志平の碑である「尹公道行碑銘」（『秋澗先生大全文集』巻五六）に「道家者流は以て睡眠を禁じ、之れを消陰魔と謂う」とある通りであり、尹志平は睡眠が食欲と色欲とともに修行上の三害であって、とりわけ睡眠に心すべきことを弟子たちにつぎのように教えた。「修行の害、食と睡と色の三欲を重しと為す。多食なれば即ち多睡、睡多きは情欲の由《よ》って生ずる所なること、人は知らざるは莫《な》きも、能く之れを行なう者は少なし。必ず之れを制せんと欲さば、先ず睡眠を減ず。日に就《な》り月に将《おこ》なえば則ち清明は躬《み》に在り、昏濁の気は自ずから将《まさ》に生ぜざらん」（同上）。つまり「酒」「色」「財」「気」に代わって、「食」

「睡」「色」が三欲として退けられているのだ。

さらに元好問《げんこうもん》の「于公墓碑」(『遺山先生文集』巻三一)が伝えるところの于道謙《うどうけん》の行状はまことにすさまじい。于道謙は尹志平と同じく王重陽の孫弟子。その墓碑では、「消陰魔」は「煉陰魔」と呼ばれている。「吾が全真家は睡眠を禁じ、之れを煉陰魔と謂う。向上(これまでの)諸人、脇の席に沾《つ》かざること数十年なる者有り。吾が離峯子《りほうし》(于道謙)、行丐《こうかい》(乞食行)して許昌(河南省許昌)に至り、岳祠(北岳廟)に寄止するや、通夕疾走して城を環《めぐ》ること数周、日ごとに以て常と為す」。于道謙は睡魔と戦うために夜を徹して許昌城の周囲を疾走したというのである。

とはいえ、同じ全真家でありながら、昼夜寐《い》ねざるところの「消陰魔」ないし「煉陰魔」をまったくの迷妄として退ける立場も存したのであった。われわれ凡人にとって、ほっとするそのことについては、あらためてまたの機会に。

19 父母聴さざれば出家するを得ず

数名の人たちと一緒に梁の慧皎《えこう》撰述の『高僧伝』を読んでいる。その習禅篇の釈玄高《しゃくげんこう》伝につぎの話がある。玄高は五世紀の北魏の僧である。

早くから仏道に心を寄せていた玄高が十二歳の時のこと、彼の家に一宿した一人の書生、それは実は神人だったのだが、その書生に連れられて中常山に入る。山にやって来た玄高はただちに出家したいと申し出たが、しかし山僧は「父母聴《ゆる》さざれば、法として度することを得ず」、父母の許可がなければ出家させるわけにはゆかぬと突っぱね、認めてはくれぬ。そこで玄高はしばらく家にもどり、二十日間にわたって両親と掛け合った末、ようやく希望がかなえられた。

『高僧伝』のそのくだりになって、韓国出身の若い留学僧が真顔になって尋ねた。「本当に、仏教では親の許しがないと出家できないのでしょうか」。

青年僧がそのように尋ねたのは、深い訳があってのことであると分かった。と言うのも、そもそも青年僧は、両親の猛反対にもかかわらず、家出も同然にお寺に駆け込んだからである。そのうえ、青年僧の生家は村の人すべてが同姓の田舎村にあり、しかも本家筋に当たる家だったため大騒ぎになったのだという。そんなわけで大いに気にせざるを得なかったのであろう。

だがところで、親の許しがなければ出家できぬということ、仏典にちゃんとした証拠が見いだされるのだ。

たとえば『維摩《ゆいま》経』弟子品に、「我、仏の言を聞くに、父母聴さざれば、出家することを得ず」とあるのは、その最も端的な証拠とすべきであろう。そして『摩訶僧祇律《まかそうぎりつ》』の巻二四に、このようなきまりが作られることとなったわけを伝える話がある。

それによると――、
シャカ氏の一人の少年を、父母の許しもないままに、比丘たちが勝手に出家させた。シャカ氏一族の父母たちは、今後そのような勝手なまねをしてはならぬと他の少年たちをきつく説教したが、少年たちは一斉に不平を鳴らして言うのであった。「釈尊は転輪聖王の位を目前にされながら、それでもあっさりとそれを捨てて出家なさった。私たちはいったい何を恋々として出家せずにおられましょうか」。転輪聖王とは国王のこと。釈迦は太子の位を捨てて出家したのでこのように言うのである。

そこでシャカ氏の人たちは、釈尊の父親の白浄《はくじょう》王のところに出かけて申し上げた。「私たち一族の一人の少年を、親の許しもないままに比丘たちは勝手に出家させました。その他の家にいる少年どもを説教することができません。もし説教を加えようものなら、出家した少年のことを羨んで言うのです。釈尊は転輪聖王の位を目前にされながら、それでもあっさりとそれを捨てて出家なさった。私たちはいったい、何を恋々として出家せずにおられようかと。お願いですから大王よ、釈尊にたのんでください。父母の許しがなければ出家させてはならぬと」。

そこで白浄王はシャカ氏の人たちと一緒に釈尊のところに出かけて事の次第を話したうえ、こう申し上げた。「世尊よ、父母が子を思う愛情は骨髄に徹するほどです。私もそうでした。世尊が出家されてから七年間というもの、坐臥飲食の何事につけ泣かぬ日とてなかったのです。お願いですから世尊よ、比丘たちを戒めて父母の許しがなければ出家させてはならぬようにしてください」。

白浄王たちが立ち去って間もなく、釈尊はあまたの比丘たちのところに赴いて申された。

——今日従《よ》り後、父母放《ゆる》さざれば応《まさ》に出家することを与《ゆる》すべからず。

このようなまぎれもない証拠が仏典に存するとはいえ、韓国の青年僧、そんなに落ちこむことはあるまい。今では彼のご両親も、彼が仏門に入ったことを心から祝福し、とても喜んでおられる、というからだ。筆者も青年僧に拍手を送るとともに、その将来に期待したい。

（二〇〇一年六月二十一日）

20　パソコン時代と『佩文韻府』

一年ほど前から月に一度、数名の人たちと一緒に漢文のテキストを読む会をもっている。会を始めるにあたって、何を読むべきか、いろいろな意見が出されたが、せっかく衆人が集まって智慧を出し合うのだからせいぜい難解なものがよかろうということで、まず最初に顔延之《がんえんし》の「庭誥《ていこう》」を取り上げることとした。

顔延之は五世紀劉宋時代の人。「庭誥」はその人の伝記である『宋書』巻七三に収められているもののほか、いくつかの逸文が存するが、「庭誥なる者は閨庭の内に施し、遠からざるを謂うなり――庭誥は家庭内に行なうものであって、広く世間を相手とするものではない――」と書き出されているように、顔延之が家訓として著わした文章である。

この「庭誥」が一筋縄ではゆかぬ極めて難解なものであることは、筆者が数十年来抱きつづけてきた偽らぬ実感であった。というのも、テキストを読み解くためには、そこに用いられている難解な言葉に出くわすと、その言葉の他の使用例を見つけ出し、それらを突き合わすことによってその言葉の正しい意味を確定するのが常套の方法であるが、「庭誥」にはちょっとやそっとでは他に使用例を見いだすことのできぬ言葉が頻出するからである。

「庭詰」に初めて挑戦を試みた数十年前のこと、見慣れぬ言葉に出くわすと、そのたびに丹念に『佩文韻府《はいぶんいんぷ》』に当たってみたのだが、何とそこに示されているのはしばしばにして当の「庭詰」そのものの文章であり、言葉なのであった。『佩文韻府』は清の康熙《こうき》帝の勅命によって編纂された全二百十二巻の大部の辞書。『佩文韻府』には、ある言葉が末尾の韻による分類のもとに標示され、その言葉の使用例が実に広汎な書物から集められているにもかかわらず。

たとえば「庭詰」に「論問宣茂なるも、而《しか》れども以て身を居《お》かず」という文章がある。およその意味は、「議論や問題提起はのびやかで活発であり得ても、そこに尻をすえはしない」というほどのことであろうとの見当はつくけれども、念のために「論問」という言葉を『佩文韻府』について検索してみても、「顔延之の庭詰」としてこの文章が引かれているだけで他の使用例の指示はまったくない。「宣茂」という言葉についても、事情はまったく同じなのであり、このような例は他にも限りがない。

だが今やパソコンの全盛時代。それを活用することによって、中国の文献のかなりのものについても検索が可能となっている。「庭詰」を読書会のテキストに選ぶこととなった時、筆者には数十年来のもやもやが一挙に雲散霧消するのではないかとの秘かな期待があった。

読書会の仲間の一人は、毎回必ずかばんの中に大事にしまったノート型パソコン持参でやって来る。それが瞬時にして威力を発揮することとしばしばであって、ありがたいことこの上もないのだが、しかし『佩文韻府』に「庭詰」の使用例しか示されていない言葉に関しては、パソコンによって検索してみても、やはり「庭語」の使用例しか見つからない。がっかりするとともに、何やらほっとしたというのが正直なところである。

かなり確実な事実としてこのことを知った今、いくつかのことに考えが及ぶ。帝王の事業として完成された『佩文韻府』は、やはりそれだけにたいしたものであり、実によく捜索の行き届いた辞書であるというのがその一つ。そしてまた、顔延之は他に使用例のない、従って恐らくは彼自身の発明にかかるのであろう新造語を用いるのが得意だったのではないかということ。

ともかくこんなわけで、われわれの寄ってたかっての「庭語」との格闘はまだしばらく続くのだ。

（二〇〇一年十月二十日）

21　老君が唐王朝の始祖とされた日

『大唐創業起居注』という書物がある。唐王朝の創業者となる李淵《りえん》が、隋王朝を打倒するべく太原（山西省太原）に挙兵して都の長安に向けて進軍し、やがてその地で即位するまでの三百五十七日間の記録であって、撰者は大将軍李淵の幕府の記室参軍、いわば祐筆の職にあった温大雅《おんたいが》。

その書物の大業十三年（六一七）六月丙申《へいしん》条、すなわち六月十七日条につぎの記事がある。

挙兵の準備を着々と進める太原の李淵のもとに、突厥《とっくつ》の使者として大臣の康鞘利《こうしょうり》が到着し、太原城東の興国玄壇を宿舎とした。玄壇とは道教寺院の道観のこと。道観を玄壇と呼ぶこととしたのは、ほかならぬ李淵が打倒の相手とした隋の煬帝《ようだい》であった。突厥は当時の漠北に覇を唱えたトルコ族の遊牧民族国家。その使者がわざわざ李淵のもとを訪れて来たのは、李淵の挙兵に当たって突厥の軍事力に大いに期待するところがあったからであり、李淵は突厥に対して臣従の礼を執りさえしたのであったが、その点は『大唐創業起居注』では曖昧にされている。

今ここで取り上げようとする記事の伝えるところでは――、

興国玄壇を宿舎とすることとなった康鞘利の一行は、まず老君の尊容に向かって一斉に拝礼を行なった。そのことを道士の賈昂《かこう》が目ざとく見つけ、温彦将《おんげんしょう》にこう語った。「突厥来りて唐公（李淵）に詣《いた》り、而して先ず老君に謁せしは、尊卑の次を失わずと謂う可し。天の遣わす所に非ざれば、此の輩《やから》寧《なん》ぞ礼を知らんや」。

温彦将は温大雅の弟の温大有《おんたいゆう》。老君とは道教徒が最高神として崇めていた太上老君であり、すなわち神格化された老子にほかならない。

さてところで、老子の姓は李であり、唐王室の姓も同じく李であるところから、老子は唐王室の始祖に祭り上げられ、やがて高宗の乾封元年（六六六）には老子に太上玄元皇帝の尊号まで贈られることとなるのだが、そのことを最も早く伝えるものとしてこの記事は注目されるのだ。

老君は始祖であるから「尊」、李淵はその子孫であるから「卑」、突厥の使者が李淵に先立って老君の尊像に拝謁したのは「尊卑の順序」を失わないもので、天が遣わした使者である証拠だというのである。

唐の玄宗の開元十七年（七二九）に建てられた玄宗御製御書の「唐龍角山紀聖銘」には、晋州浮山県（山西省浮山）の羊角山において、吉善行《きつぜんこう》なる者の前に突然姿を現わした一人の老人が、「吾は而《なんじ》の唐帝の祖なり。吾の子孫に告げよ、長く天下を有《たも》たんと」、このように語ったことが記されている。老人はほかでもなく太上老君の化身であったのであって、太上老君は唐王室の始祖であるとともに、唐王朝の守護神でもあるというわけだ。

そして宋の趙明誠《ちょうめいせい》によると、この銘の記すところは、そもそも今日ではすでに失われた『高祖（李淵）実録』武徳三年（六二〇）四月辛巳《しんし》条の記事に基づくのであるが（『金石録』巻二六「唐龍角山紀聖銘跋」）、『大唐創業起居注』の記事はそれよりもさらにさかのぼることになるのである。

（二〇〇二年八月二十九日）

22　暗室を欺かず

昨年（二〇〇二年）八月二十九日の本欄「老君が唐王朝の始祖とされた日」でも取り上げた『大唐創業起居注』は、唐王朝の創業者となる李淵《りえん》の太原（山西省太原）における挙兵に始まり、隋王朝に代わって即位するまでの三百五十七日間の記録であるが、その義寧二年（六一八）二月条につぎのような李淵の言葉が書きとめられている。

——身を立ててより以来、暗室を欺かず、如何《いかん》ぞ今日、天聴《てんちょう》を誣罔《ぶもう》せんや（人格を完成せんと志して以後、真っ暗闇の誰もいない部屋の中でも後ろめたいことをしたことはなかった。今さら、何事も聞きもらすことのない天の耳をだますようなことはすまい）。

隋の最後の天子である少帝から李淵に九錫《きゅうしゃく》授与の詔が下った時、それを辞退する旨の意志表明の中に語られている言葉である。九錫とは天子が元勲に授与する九種類の栄典であるが、車馬に始まり秬鬯《きょちょう》（鬱金草を浸出させた黒きびのリキュール）に至るまでのそれらは、前漢王朝を奪った王莽《おうもう》以来、禅譲《ぜんじょう》という美名のもとに繰り返し行なわれた王朝簒奪劇の主要な前奏曲として、次期王朝の創業者以外の者には決して授与されることのない栄典なのであった。李淵が九錫の授与を辞退したのは、自分にはそのような茶番じみた儀礼は必要ではない、自分はあくまで自分の力によって王朝を創業してみせるのだ、との強い意志表明であったのであろう。そのことはともかくとして、今ここで考えてみたく思うのは、「暗室を欺かず」という言葉のことである。

この言葉を最初に用いたのは、李淵にさかのぼることおよそ七十年、梁の簡文帝蕭綱《しょうこう》であった。梁は六世紀前半の南中国を五十年余りにわたって支配した王朝であったが、その末年に至って北中国からの亡命将軍侯景《こうけい》が引き起こした反乱によって大混乱に陥り、創業者の武帝は幽閉状態の中で崩御し、武帝の第三子の簡文帝は侯景によって形ばかりの天子として立てられたパペットにしか過ぎなかった。彼もやはり父帝同様に幽閉状態のもとに置かれ、そしてついに大宝二年（五五一）の十月、酔臥している彼の体に土嚢が積まれ、圧死して果てたのであったが、自室の壁につぎの「自序」が書きつけられているのが発見された。壁に書きつけざるを得なかったのは、彼には紙も給されることがなかったからである。

——有梁の正士の蘭陵の蕭世纘《しょうせいさん》、身を立て道を行ない、終始一の如し。風雨は晦《やみ》の如く、鶏鳴は已《や》まず。暗室を欺かず、豈《あ》に況《いわ》んや三光をや。数は此こに至る、命や如何《いかん》せん。

有梁の「有」は梁に軽くそえられただけの文字。蘭陵は蕭氏の出身地。世纘は蕭綱の字《あざな》。自分は人格を完成せんものと正しい道を実践し、終始変わることはなかった。「身を立て道を行なう」は『孝経』開宗明義章の言葉。また「風雨」云々の二句は『詩経』鄭風「風雨」の詩に基づき、嵐はまるで暗闇のよう、鶏は鳴きやまないという意味だが、厳しい環境の中でも節操を曲げないことのたとえとして用いられている。そして簡文帝は、自分は暗室を欺いたことはない、ましてや「三光」すなわち日、月、星辰を欺いたりしたことがあったろうか、だが自分に見舞った「数」、すなわちことわりとしての運命はどうしようもないというのである。天子でも何でもないただの一人の人間として、精いっぱい誠実に生きてきた者の無念の想いをこのように書きとめたのであり、「有梁の正士の蘭陵の蕭世纘」という書き出しもいかにもそれにふさわしい。

そもそも「暗室を欺かず」という言葉は、自信たっぷりの李淵とはまったく相い反する状況に置かれた梁の簡文帝によってこのように用いられたものなのであった。簡文帝の文集を編んだ明の張溥《ちょうふ》は、原文だと全体で四十一字にしか過ぎない簡文帝の「自序」を読むたびに「泣《なみだ》数行下る」と評している。

（二〇〇三年一月二十一日）

23 ユニークな表現　展季と桑門併記

中国の文学作品の中で、いささかなりとも仏教にかかわりのある事柄を取り上げている最も古いものは、一体何だろうか。そんなことを考えているうちに、後漢の張衡《ちょうこう》（七八―一三九）の「西京賦」（『文選』巻二）にはさみこまれている一句にふと思い当たった。

賦というのは「ながうた」と訓ぜられるように、長編の韻文作品。張衡は前漢の都の長安のことをうたう「西京賦」、後漢の都の洛陽のことをうたう「東京賦」（同巻三）、そして後漢王室の発祥の地である宛《えん》（河南省南陽）のことをうたう「南都賦」（同巻四）の三部作を残しているのだが、そのうちの「西京賦」に、天子の前であでやかに舞う女性の姿を描写したうえで、つぎの一句が置かれているのである。

――展季《てんき》も桑門《そうもん》も、誰か能く営《まど》わざらん。

展季や桑門ですら、あでやかな姿に心を惑わされることだろうというのだが、「桑門」とはすなわち仏教僧の沙門のこと。古い時代においては「沙門」はこのように表記されるのがしばしばであった。そして展季とは、春秋時代の魯の国の柳下恵《りゅうかけい》。孔子の百年ばかり前の賢人であって、『論語』にも何度かその名が見えるけれども、ここで張衡に意識されている柳下恵のイメージは、『詩経』の「巷伯《こうはく》」の詩の古い注釈が伝えている、そのようなものであるのに違いない。

魯の国に一人住まいをしている男がいた。隣の家の寡婦も一人住まい。ある夜、暴風雨が襲って寡婦の家がつぶされた。寡婦は駆けつけて助けを求めたが、男は固く門を閉ざして入れようとはせぬ。寡婦が窓越しに「あなたはどうして私を入れてはくれないの」と叫ぶと、男は答えた。「わしはこう聞いている。男子は六十にならなければ女性と一つの部屋で一緒に夜を過ごさぬと。あんたは若い。わしもまだ若い。だから入れるわけにはゆかぬのだ」。寡婦は言った。「あなたはどうして柳下恵のようになれないのですか。柳下恵は城門が閉じられる門限に間に合わずに困っている女性を家に泊めてやり、その体を温めてやったことがあったけれど、淫らだとの評判はまったく立たなかったというではありませんか」。男は言った。「柳下恵ならできるが、わしにはできぬ」。

つまり、柳下恵は見事あっぱれな石部金吉であったというわけ。そして張衡は、柳下恵と同様に女性に心を惑わされることのない堅物の代表として桑門を引き合いに出しているのだ。

『文選』の注釈には「桑門とは沙門なり」と解説したうえ、「桑門」なる言葉の使用例として『東観漢記』からつぎの一文が引かれている。

——楚王に制して曰わく、以て伊蒲塞《いほそく》と桑門の盛饌《せいせん》を助けよ。

『東観漢記』はすでに後漢時代から撰述が始まっていた後漢時代史。また伊蒲塞は優婆塞《うばそく》の古訳で、男性の在家仏教信者のこと。右に引用されている『東観漢記』の文章の詳細は、今日では『東観漢記』を主要な材料として編まれた『後漢書』、その列伝三二・楚王劉英《りゅうえい》伝について見ることができる。すなわち、永平八年（六五）のこと、彭城《ほうじょう》（江蘇省徐州）の周辺を封地としていた楚王が、自分の罪の贖いを名目として絹三十匹を王朝に献納したところ、王朝はそれを楚王に返還のうえ、優婆塞と沙門の斎《おとき》の費用に使うがよいと命じたというのであって、仏教が中国に伝来して間もない一世紀において、すでに在家と出家とからなる仏教教団が存在していたことを伝える注目すべき記事なのである。

張衡の当時、「桑門」は社会的存在としても、またその言葉そのものも、エキゾチックな香りのする目新しいものであったに違いない。それを古い伝承を有する「展季」とあわせ配することによって、張衡はいささか読者の度胆を抜くユニークな文学的効果をねらったのではなかったろうか。

（二〇〇三年二月二十日）

24　日蓮と『貞観政要』

二月の末、所用のために上京した際、用事の合間の時間を利用して「大日蓮展」が催されている上野の東京国立博物館に足を運んだ。ウイーク・デーのことでもあったから、たいした人出ではあるまいと高をくくり、なかば時間つぶしのつもりで訪れたところ、予想を見事に裏切ってごった返すような大盛況。日蓮聖人に直接の関わりのあるもののほか、日蓮宗関係の美術品や書状などが網羅的に一堂に集められているのだから無理もない。日蓮宗の信者であった本阿弥光悦の見事な作品のかずかずも出展されている。

人の波をかき分けながらの参観は容易ではない。陳列されている品の一つ一つをゆっくりと鑑賞することはかなわぬ。中国流に言えば「走馬看花」ですまさなければならないのだが、そんななかで思わず足を止め、目をこらして時間を費やしたのは、日蓮聖人自筆の『立正安国論』であり、そしてさらにもう一つは、やはり聖人の自筆にかかる静岡県本門寺所蔵の『貞観政要』であった。日蓮がわざわざ自分で抄写するほどの興味と情熱を『貞観政要』に持っていたとは、これまで迂闊にもまったく知らなかったからである。

『貞観政要』は唐の呉兢《ごきょう》（六七〇―七四九）の撰。貞観は唐の第二代皇帝である太宗李世民《りせいみん》の年号であって、君道篇から慎終篇まで十巻四十篇から成り、太宗とその名臣と謳われた魏徴《ぎちょう》、房玄齢《ぼうげんれい》、杜如晦《とじょかい》たちとの問答、大臣たちの諫言や上奏、あるいは政治上の施策の記録などをその内容とする。李世民は唐王朝初代の高祖李淵《りえん》の第二子であったにもかかわらず、「玄武門の変」と呼ばれる武闘によって皇太子であった兄の李建成《りけんせい》を打倒して政権を奪取し、第二代皇帝となったのだが、本書の主眼は、太宗がいかに優れた名君であったかをイメージ・アップすることに存すると言ってよいであろう。

日蓮はどうしてこのような書物に執心したのであろうか。そんな疑問を抱いて帰宅し、「日本思想大系」の『日蓮』（岩波書店、一九七〇年刊）に収められている「解説」をひもといてみたところ、戸頃重基氏執筆の部分につぎのように述べられていることを知った。「日蓮が国主諫暁に異常なほどの執念を示したのは、日蓮におよぼした儒教思想の影響に由来するところがすくなくなかったからである。・・・・日蓮が『孝経』と併用して重視した『貞観政要』もまた諫諍のモラルを説いているのである」。

諫諍とは、下の者が上に立つ為政者を諫めること。なるほど『貞観政要』四十篇のなかには求諫とか納諫とかと題された諸篇が収められている。そして日蓮の国主諫暁とは、日蓮が鎌倉幕府の要路者に対して行なった三度にわたる諫言のことであり、「国主が現在、信奉し執着している仏法は権教にすぎなく、したがって実教たる法華経を忘れたものであるから、諸天善神に見放され、やがてその結果日本は亡びるであろう、という内容のものである」、このように説明されている。

今回の上京に当たり、筆者は往復の新幹線での読書とすべく牛致功《ニュウジークン》氏の『唐代碑石と文化研究』（三秦出版社、二〇〇二年刊）を携えた。その書物には、唐の太宗に関する論考が、とりわけ「玄武門の変」に関する論考が多数収められており、いろいろと教えられるところが多かったのだが、それに加えて今回の上京で、思いがけずも日蓮と『貞観政要』のことについて新たな知識を得ることができたのであった。何か不思議な因縁めいたことをすら覚えるのである。

（二〇〇三年三月八日）

25　息長い基層信仰　安都丞と武夷君

中国から届いた『文史』五九輯（中華書局、二〇〇二年七月刊）の「安都丞と武夷君」を面白く読んだ。著者は劉昭瑞《リウチャオルウェ》氏。その論文はつぎのように書き出されている。「近数年の考古学の出土資料のなかには、文献には見えなかったり、これまであまり人々に注目されることのなかった神名がしばしば現われ、戦国時代の簡牘や帛書から漢晋ないしはもっと後の時代の出土資料のなかにも時として見いだされる。ある神名は千年以上隔たっていても、性格の類似した資料のなかに現われ、そしてある神名はかなり強固な地域性と時代性の特徴を備えており、このことは古代社会の基層信仰が安定的であるとともにまた変化をともなうものであったことの反映なのである。本論が検討しようとする安都丞と武夷君は、この方面の比較的顕著な二つの事例である」。

結論を先取りするならば、安都丞も武夷君も基層的な土俗信仰に由来する土地神なのだ。

安都丞の名が見える最も早い遺物は湖北省の江陵高台十八号漢墓から出土した木牘であって、その墓が築かれたのは前漢文帝の前元七年（前一七三）のことである。

そして五世紀の南北朝時代以後、江南の各地から安都丞と武夷君の神名がそろって記された遺物が発見されるようになり、薛安都や侯安都などのごとく、安都を名とする人物が現われるようになるのも安都丞信仰の反映なのではないかと劉氏は推測している。

たしかに宗教が栄えたこの時代、仏教や道教にちなむ人名は珍しくはなかったのであって、仏教に関しては宮川尚志氏の「六朝人名に現れたる仏教語」(『東洋史研究』三巻六号―四巻六号)にその事例が拾われている。さらにまた劉氏は、六世紀の魏収《ぎしゅう》の撰述にかかる『魏書』西域伝に、大秦国が「安都城に都す」と記されていることにも注目している。大秦国とは東ローマのことなのだが、理想化された異国のイメージをたかめる意図が込められているのではないかというのである。

一方、武夷君は『史記』封禅書や『漢書』郊祀志に、前漢の武帝時代の国家祭祀の対象となる神として「武夷君(を祠る)には乾魚を用いる」と見えており、いわば安都丞よりも素性の正しい神なのであった。成帝の時代に至って国家祭祀の対象からはずされることとなったものの、しかし劉氏によれば、民間の信仰と祭祀は連綿として絶えることはなかった。

そしてやがて武夷君ではなく武夷王と呼ばれるようになり、その性格もそもそもは戦争の神であったのだが、安都丞と同様に土地神にと変化する。たとえば一九七三年発掘の江西省南昌北郊の唐代の墓から見つかった木片には、唐の昭宗大順元年(八九〇)に亡くなった熊《ゆう》氏十七娘なる女性を埋葬するに当たり、銅銭九万九千九百九十九貫をもって蒿里《こうり》父老、安都丞、武夷王から一定の区画の土地を買い取る旨のことが墨書されている。蒿里父老もやはり土地神であり、つまり土地神との間に取り交わされた土地売買証文なのだが、いかにも意味ありげに「九」の文字が羅列されている買い取り額からも察せられるように、それはもとより虚構のものなのであろう。
そして最後に劉氏は、道教の一つの聖地となる福建省建安の武夷山も、早い時期に華北の地から江南に移った天師道道教徒によってもたらされた武夷君信仰に基づく命名なのであろうと述べている。

（二〇〇三年三月十八日）

26 歴史の研究とは命をかけた仕事

必要があって、長年にわたって書架に積まれたまま眠っていた唐振常《タンチェンチャン》氏の『章太炎呉虞論集』（四川人民出版社、一九八一年刊）を取り出して読んだ。二十年以上も昔の出版の、しかもわずか百八十ページそこそこの小冊子を、うずたかい書物の山の中から探し出すことができたのは、喜びであるとともに、なかば驚きでもあった。

章太炎も呉虞も、二十世紀前半の思想家であり学者である。この書物に収められている二人に関する四篇の専門論文はともかくとして、黎澍《リーシュー》氏が寄せている序文を読んで、筆者は感慨なきを得ない。

それによると、著者の唐氏はそもそもベテランの新聞記者であり、散文作家であり、劇作家であった。ところがある映画の脚本が政治当局から反動であるとのレッテルを張られ、そのため社会的にほとんど葬り去られることとなったのだが、いわゆる「文革」の元凶の四人組が粉砕された翌年の一九七七年以後、あらためて歴史研究を開始し、本書に収められているような論文を発表するようになったのだという。

このことについて、黎氏はこう述べている。「この方向転換が脚本が批判を受けたことと関係があるのかどうか、彼にたずねたことはない。もしそうだとすれば、歴史研究が脚本を書くことよりも「安全」だと考えていることになる。だが、実際はそうではない。中国の歴史上、劇作家や俳優が首をはねられたことは滅多にないが、歴史家が首をはねられたことはしばしばなのだ」。

そして黎氏は、歴史研究がいかに危うい仕事であるかを語るべく、『後漢書』蔡邕《さいよう》伝を引証しているのである。蔡邕（一三三―一九二）は後漢時代の有名な学者であり、献帝を洛陽から無理やり長安に遷都させるなどした梟雄《きょうゆう》の董卓《とうたく》からも厚く遇されていたのだが、董卓が誅殺されて後、宰相の王允《おういん》の面前で思わずその死を悼んで嘆息したことをとがめられ、罪に問われる。

王允は董卓誅殺の仕掛け人であった。蔡邕は、肉刑を受けてもよいから手がけている後漢時代史の編纂を完成したいと懇願し、他からも助命の嘆願があいついだものの、王允はこう言い放った。「昔、武帝は司馬遷《しばせん》を殺さなかったため、謗書を著わして後世に伝えさせることとなった。現在、国運は下り坂に向かい、天子の位は弱体であって、佞臣を幼帝の側に置いて著作に従事させるわけにはゆかぬ。天子にとって無益であるばかりではなく、われわれ一党も彼の批判を蒙ることになるであろう」。かくして蔡邕は獄死を遂げたのであった。

司馬遷が男性としての機能を奪われる宮刑の恥辱にたえながら、畢生の事業として『史記』を完成させたことは人だれしもが知るところ。だが『史記』には漢王朝を批判する記事がそこかしこに含まれており、それ故に王允はそれを「謗書――誹謗の書――」と呼んだのである。

黎氏はこのような王允の言葉を引き、「この言葉は封建支配階級の歴史家に対する恐怖を物語っている」と述べたうえ、自分自身の経験を語っている。ほかならぬ文革中のこと、引っ越し先の隣人から何を仕事としているのかとたずねられ、「歴史を研究している」と答えたところ、隣人が思わず「とても危険だ」と叫んだというのである。

そして、『章太炎呉虞論集』の著者である唐氏が黎氏の序文を承けて、「歴史研究が「安全」だと思っているわけではない」と「後記」に述べ、しかしながら「史を読まなければ今を知ることはできない」と語っていることにあらためて心を打たれるのだ。

（二〇〇三年四月十日）

27 孔子に仮託して発動された廃仏

慈覚大師円仁《えんにん》の『入唐求法巡礼行記』四巻は、仁明天皇の承和五年（八三八）すなわち唐の文宗の開成三年に遣唐使一行の一人として渡唐した円仁が、承和十四年（八四七）すなわち唐の宣宗の大中元年に帰国するまで、実に十年近くに及んだ唐土滞在の見聞を日記風に記録した書物である。あたかもその唐土滞在中に、円仁は文宗を継いだ武宗によって発動されたところの徹底的な破仏、その時の年号にちなんで「会昌の廃仏」と呼ばれる破仏を身をもって体験したのであった。従って『入唐求法巡礼行記』には「会昌の廃仏」に関するさまざまの情報が伝えられているのであり、それらは、中国の書物の欠落を補って余りあるほどの貴重な情報なのだ。

「会昌の廃仏」は、仏教と道教の対立に起因し、武宗が異常なまでに道教に傾倒したために発動されたのだが、『入唐求法巡礼行記』の会昌四年（八四四）条につぎの記事がある。

——道士が上奏した。「孔子の説に、李氏の十八子、昌運方《まさ》に尽き、便《すなわ》ち黒衣天子有って国を理《おさ》むとあります。臣等が密かに考えますのに、黒衣とは僧侶のことであります」。皇帝はその言葉を受け入れ、かくして僧尼を憎み嫌うようになった。

孔子の説というのは、一般に「讖記《しんき》」と呼ばれるもの。中国では、孔子に仮託されたこのような怪しげな予言記が怪しげな事件をフレーム・アップするためにしばしば行なわれたのだが、この讖記にはつぎのような意味が隠されているのだと説明されている。

——李の字は十八子。今上は第十八代に当たるが為に、恐らくは李家の運尽き、便ち黒衣の位を奪うこと有らんか。

唐の王室の姓である「李」の文字は「十」と「八」と「子」の組み合わせからできており、武宗は唐朝第十八代の皇帝であるからそこで国運は尽き、黒衣の僧侶が代わって位を奪うであろうというのである。

何ともでたらめなこじつけに過ぎないのだが、こんな讖記にもそれなりに基づくところがあるのであり、唐初の温大雅《おんたいが》撰『大唐創業起居注』は、その頃、慧化《えか》なる尼僧の讖記としてつぎのようなものが密かに世に行なわれていたことを伝えている。「東海の十八子、八井にて三軍に喚《よ》ばわる」。この讖記には、唐王朝の創業者となる高祖李淵《りえん》が太原において挙兵するであろうとのことが含意されているのだという。何となれば、やはりその頃、「白旗の天子、東海に出づ」という讖記も行なわれており、「東海の十八子」とは李氏が天子となるであろうとのこと、また「八」と「井」を組み合わせると「幷」の字となり、李淵が幷《へい》州の太原において軍勢に呼びかけて挙兵することになろうというわけなのだ。

そして「黒衣天子」の讖記は、つとに六世紀後半の北中国に広く行なわれていたものなのであった。

唐の道宣《どうせん》の『広弘明集』の巻六と巻七は「列代王臣滞惑解」と題され、道宣の時代までの中国歴代の排仏論者に関する記事が集められているのだが、その北周の武帝の条につぎのようにある。「時に讖記有って黒衣を忌《い》み、沙門の中より次に当《まさ》に位を襲うべしと謂う。故に帝は初めは大いに仏を信ぜしも、事の身に逼るを以て遂に廃蕩（廃仏）を行なう」。

唐の武宗に先立って、北周の武帝も大々的な廃仏を行なったことで知られるのだが、彼の場合にもやはり「黒衣天子」の讖記がその引き金となったのである。遠い昔のこととはいえ、こんなことがまかり通る時代があったことを思うと、やりきれない気分になるのは筆者一人だけではあるまい。

（二〇〇三年四月二十六日）

28　もう一つの「不」の一字

北京師範大学史学研究所の編集にかかる季刊誌『史学史研究』は、毎号その「人物志」欄に著名な歴史学者を一人ずつ取り上げ、インタビューに基づく記事を掲載している。筆者は楽しみの読書としているのだが、最近届いた二〇〇三年第一期号に掲載されているのは、林文勛《リンウェンシュイン》氏執筆の「李埏《リーイエン》教授学術述略」。李教授は一九一四年の雲南省路南県（現在の石林県）生まれ。これまでもっぱら雲南大学において、中国古代史、中国封建経済史、唐宋経済史等を講じてこられた経済史学者である。

今回、筆者が思わず目を止めたのは林氏の文章のつぎの一段であった。

――六〇年代の初め、（李）先生が『唐代における「銭帛兼行（銭と絹両者の使用慣行）」略論』を書かれた時、文末にマルクス『資本論』の一句を引かれた。もともと中国語訳文には「生産が発展すればするほど（生産越是発展）、貨幣財は商人の手中に集中され、あるいは商人の財産の特殊な形態として現われる」とあるのだが、前後の文章のマルクスの分析との脈絡から、先生は「生産越是発展」の一語は「生産が発展しなければしないほど（生産越是不発展）」でなければならぬと考えられた。

だがその頃の中国歴史学界はマルクスの著作を「経典著作」と呼んで金科玉条と仰ぎ、神聖視していたために、自分独自の判断に基づいて文字を改めることなどとても許されるはずもない雰囲気のもとにあった。ましてやたったの一字とはいえ、「不」の一字のあるかなきかは、肯定か否定か、意味するところはまったく正反対になるのだから事は容易ではない。李教授は『資本論』に造詣の深い教授と外国語系の専門家に教えを請うたものの、二人ともあえて意見を述べようとはしなかったという。

――たといそうではあれ、先生はやはり自分の理解が正しいと信じ、引用文中に大胆にこの重要な「不」の一字を加えるとともに、翻訳の誤りについて注記説明されたのである。論文が『歴史研究』一九六四年第一期号に登載されると、当時の中国科学院院長であった郭沫若《クオムオールウオー》先生はただちに『歴史研究』編集部に一通の書簡を送り、先生の見解が正しく、中国語訳本がたしかに「不」の一字を落としていることを証したのである。

念のため、四十年も昔の当該の『歴史研究』一九六四年第一期号を書棚から取り出し、李教授の論文をたしかめてみたところ、「不」の一字が括弧で補われ、つぎのような注記が施されているのを見いだした。「『資本論』第三巻、四〇三ページ。中国語訳本に「不」の字がないのは誤り」。そのうえでモスコー外文出版局の一九五九年英訳本三二一ページを引用し、「今は英訳本に従って補う」とある。ただし郭沫若と『歴史研究』編集部とのいきさつについては、林氏が述べられている以上のことを知らない。

ところでこの小文を「もう一つの「不」の一字」と題するのは、十年以上も昔のことながら、一九九一年五月二十日の本欄に「「不」の一字」の一文を寄せているからである。そこで取り上げたのは、二世紀後漢時代の大学者である鄭玄《じょうげん》の伝記に関わることであった。すなわち貧しい家庭の鄭玄が遊学の旅に出たのは、父母をはじめとする家族の許しを得たうえでのことであったのか、それともそうではなかったのか、そのことを「わが家はもともと貧乏であったが、父母や兄弟たちの許しも得られぬまま(不為父母群弟所容)」と伝えるテキストと、「不」の一字なしに「父母や兄弟たちの許しを得たうえで(為父母群弟所容)」と伝えるテキストとが存在し、果たしてどちらが正しいのか、古くから大問題となっているのである。

前回取り上げたのは中国の古代史に関わる問題。今回取り上げたのは現代史に関わる問題。いずれにしても「不」の一字のあるやなしやは、時代を超えて昔も今も大変な問題なのだ。

(二〇〇三年七月十七日)

29 自分を厳しく責める宗教者

石川九楊氏が昨年（二〇〇三年）末まで、三年間にわたってある新聞に毎日連載しておられた「一日一書」。「同」の一字が取り上げられている十一月二十九日のその欄で、同志社の創設者である新島襄が、「校則破りストの責は校長自身にあると、壇に上がり、ステッキで自らの左手を打ち続けた」という話を読んだ。

この話を読んで、筆者は『論語』堯曰《ぎょうえつ》篇が伝える中国古代の聖天子の堯帝の言葉を想起した。「万方に罪有らば罪は朕《わ》が躬《み》に在り。・・・・百姓《ひゃくせい》に過《あやま》ち有らば予《われ》一人に在り」。民が犯す罪のすべての責任は自分にあるというのだ。そしてまた慧皎《えこう》の『高僧伝』義解篇の法遇《ほうぐう》伝にあるつぎの話を想起した。四世紀の中国のことである。

法遇は江陵（湖北省荊州市江陵）の長沙寺の寺主であったのだが、ある時、一人の弟子が酒を飲み、夕方の焼香の儀に欠席したにもかかわらず、軽微な罰則を科すにとどめ、僧団からの追放処分にすることはなかった。ところが、そのことを風の便りに耳にした法遇の師匠の道安《どうあん》から、竹の筒に収められた一本の荊《いばら》の杖が丁重に荷造りされて送られて来た。刺《とげ》のある荊の杖は、仕置きを加えるためのものである。

道安が中国仏教の礎を築いた高僧であること、昨年（二〇〇三年）十一月二十二日の本欄「多聞広識であった道安法師」に記した通りであるが、そもそも道安教団は襄陽（湖北省襄陽）の檀渓寺《だんけいじ》を拠点としていたものの、西暦三七三年、襄陽が五胡王朝の一つである前秦の侵攻を受けると、道安は捕らえられて前秦の都の長安に遷り、法遇は南の江陵に難を避けていたのである。

法遇は荷を解き、その中に荊の杖が収められているのを目にすると、「これは酒を飲んだ僧のせいなのだ。私が弟子たちの教育指導にはげまなかったため、心配されてこのような品物をはるばる送ってくださったのだ」、そのように言うと、ただちに寺の維那《いな》（事務長）に僧侶たちを集合させるよう命じた。

そして、杖が収められた筒を香机の上に置き、僧侶たちに香を配りおえると、僧侶たちの前に進み出て、杖の筒に向かってうやうやしく拝礼したうえ、床に伏せ、維那に命じて三度わが身を杖で打たせたのであった。

杖を筒に収めおわった法遇の目からはとめどもなく涙が流れ、自責の念に耐えきれぬその様子を目にし耳にした出家、在家の者は誰しも感激し、仏道修行に邁進することになったという。

やがて法遇は、ともに道安に学んだ相弟子の廬山の慧遠《えおん》のもとにつぎの書簡を送った。

——私は取るにも足らぬ暗愚の身、僧衆を指導することもかなわぬ。道安和上は異域の地におられるにもかかわらず、それでもはるか遠方から憂慮の気持ちを垂れてくださった。私の罪は深い。

新島襄はこの法遇の話を知っていたのかどうか。キリスト者である新島襄、仏教者である法遇。二人の話はどちらもいささかパフォーマンス過剰のきらいがあるのが気に食わないが、しかしおよそ宗教者たる者、弟子が犯した罪をほかならぬ自分の罪として厳しく自分を責めるのであろう。

（二〇〇四年一月十七日）

30　仏教の中国化を進めた梵漢双挙

前世紀の中国史学界の巨頭である陳寅恪《チェンインチュエー》氏につぎのような発言がある。

> ——釈迦の教義は父をないがしろにし、君主をないがしろにするものであり、わが国の伝統的な学説、また既存の制度と一つとして衝突しないことはなかった。それが輸入されて以後、もしいつまでも変化しなかったとするならば、決して持ちこたえることはできなかったであろう。かくして仏教の学説でわが国の思想史上において重大で長く久しい影響を生じているのは、すべてわが国人の吸収と改造の過程を経ているのである。忠実に輸入されて本来の面目を改めていないもの、たとえば玄奘《げんじょう》の唯識学のごときは、たとえ一時の人の心に訴えるところがあったとしても、結局のところは消沈し、断絶してしまった。(「馮友蘭中国哲学史下冊審査報告」)

つまり、仏教の学説は中国化されてこそ中国の思想史上に重大な影響を生じたというのであって、しばしば言われるように、三、四世紀の魏晋の時代に流行した格義仏教はそのような産物にほかならなかった。仏教経典のタームを中国の伝統的な思想、とりわけ道家の思想によって解釈するのが格義仏教である。

中国仏教の確固たる礎を築いた釈道安《しゃくどうあん》によって、格義仏教は仏教教理の本来からはずれたところが多いとの反省がなされはしたものの、その道安ですら、弟子の慧遠《えおん》が「実相義」を批判する相手を『荘子』を引いて納得させたのを見て、慧遠にかぎって外典を、すなわち仏典以外の書物を読むことを許したのであった。

それだけではない。道安本人の「道地経序」も、「夫《そ》れ道地なる者は、応真の玄堂、升仙の奥室なり」（『出三蔵記集』巻一〇）と書き起こされていることに注目されなければなるまい。というのも、ここに用いられている「応真」は仏教者が「阿羅漢（アラカン）」の訳語としたものであり、それは「真人」の別訳なのであって、真人は道教の神仙にほかならないからである。しかも「応真」についで「升仙」なる言葉が用いられているこの文章を目にした中国人の読者は、ただちに神仙道教のイメージを喚起されたに違いない。

このように「阿羅漢」の訳語に真人あるいは応真の言葉が選ばれたほか、「仏陀（ブッダ）」には大覚あるいは覚者、「菩提（ボダイ）」に道、「涅槃（ニルヴァーナ）」に無為、「菩薩（ボディサトヴァ）」に大士のごとく、往々にして中国古典の言葉が、とりわけ老荘道家の言葉が訳語として用いられたのである。

そしてまた仏教者によって「梵漢双挙」と呼ぶべき言葉がいろいろと発明されているのも興味深いこととしなければならない。「梵漢双挙」とは梵語（サンスクリット）の音と漢語の訓を一つに連ねた合成語のこと。筆者はサンスクリットにはまったく不案内なのだが、たとえば梵語の音の「偈（ガータ）」と漢語の訓の「頌」とを合わせた「偈頌《げじゅ》」、同様に梵語の「鉢（パートラ）」と漢語の訓の「盂」とを合わせた「鉢盂《はちう》」などがそれであり、われわれの耳にごくごく親しい「僧衆」という言葉も、やはりそもそもは梵語の音の「僧（サンガ）」と漢語の訓の「衆」とを合わせたものなのであろう。

ともかくこのような「梵漢双挙」の言葉も、恐らくは格義仏教と軌を一にして、中国人が仏教を受容するに当たって中国流に改造するための苦心の産物の一つであったことは間違いがない。

（二〇〇四年二月二十一日）

31　寺院道観に身を寄せた子供たち

中世ヨーロッパにおいて、しばしば幼児が修道院にあずけられる場合のあったことを『アベラールとエロイーズ』（畠中尚志訳、岩波文庫）第七書簡によって知るのだが、ここに述べようとするのは中国古代の話である。

四世紀初の神異の僧として知られる仏図澄《ぶっとちょう》。華北を制覇した後趙王朝の創建者である石勒《せきろく》をパトロンとした彼は、石勒の愛児が突然の病で亡くなった時、楊《やなぎ》の枝を手にして呪文を唱え、たちまちにして生き返らせることに見事に成功した。そんなことがあって、石勒の幼い子供たちの多くが仏教寺院で養われることとなり、石勒は四月八日の仏生誕日にはきまって寺院に出かけて灌仏の儀を行ない、子供たちのために発願したという。六世紀梁の慧皎《えこう》撰『高僧伝』神異篇の伝えるところである。

仏教寺院だけではない。道教の道観にも、何らかの事情によって幼児があずけられることがあった。よく知られるのは、五世紀劉宋時代の詩人として名高い謝霊運《しゃれいうん》の場合。東晋の太元十年（三八五）のこと、銭塘《せんとう》（浙江省杭州）の杜明師は、一夜、東南の方角から人がやって来て彼の道観に入る夢を見た。杜明師とは道教の司祭の杜子恭《としきょう》のことである。その夕、謝霊運は会稽《かいけい》（浙江省紹興）に生まれた。

謝氏は当時きっての名家だったのだが、謝霊運が誕生してわずか旬日後に当時の政界の大立者であった祖父の謝玄《しゃげん》が他界し、そのため謝家はこの大事な孫を杜治、すなわち杜子恭の道観に送りとどけた。謝霊運は十五歳になるまでそこで育てられ、かくして「客児」を幼名としたという。謝霊運が謝客と呼ばれることがあるのはそのためなのだが、客児とは、よそにあずけられた子供との意にほかならない。『高僧伝』と同じくやはり六世紀梁の鍾嶸《しょうこう》撰『詩品』の伝えるところである。

　そしてまた周子良《しゅうしりょう》。周子良は、梁の都の建康（江蘇省南京）の東南に位置する茅山《ぼうざん》を本山とした上清派道教、その教主であった陶弘景《とうこうけい》の弟子であり、『周氏冥通記』の主人公である。『周氏冥通記』は、周子良が神仙の導きのままに仙界に旅立つまでの神仙との交感の記録を陶弘景が編纂した不思議な物語であるが、それによると、そもそも周子良が陶弘景と出会ったのは陶弘景が東方への旅に出て永寧（浙江省温州）の道観に宿った時のことであり、時に十二歳の周子良少年は、数年前からその道観に寄寓していたのであった。

　そして周子良が陶弘景に連れられて向かった茅山の道観にも、赤豆《せきとう》の愛称で呼ばれる子供がいた。その子供のことについて、「家は銭塘にあり、姓は兪《ゆ》。しばらくここに寄寓している」、「小さい男の子の名は赤豆。年は五歳。兪僧夏《ゆそうか》の子である。いろいろと災厄が多いとのことで、しばらく道士のもとにあずけられているのである」、このように『周氏冥通記』は伝えている。

　いわゆる口減らしのために、幼い子供が仏教寺院や道教の道観にあずけられるのはもとより珍しいことではなかったであろう。だがそれだけにはとどまらず、石勒の子供や謝霊運や赤豆などについて見られるように、それぞれさまざまの災厄を浄化したいとの願いをこめてあずけられる場合もまた少なくなかったように思われる。

（「古代寺院道観に身を寄せた子ら」二〇〇四年四月六日）

32　飢え来らば喫飯　困じ来らば眠る

十二世紀中国の王重陽《おうちょうよう》によって創始された新道教である全真教。その一部の人たちの間で睡眠が厳しく否定され、睡魔との格闘が「消陰魔」とか「煉陰魔」などと呼ばれたことを、三月十八日の本欄「眠りたい欲望と格闘した全真教」に述べた。

かくして彼らは、初心の修行者たちに対しても、せいぜい睡眠を減らすようにつとめよと教えたようであって、たとえば王重陽の孫弟子にあたる尹志平《いんしへい》は、「食」「睡」「色（女色）」を人間の最も基本的な欲望にかぞえたうえ、つぎのように言っている。「（情欲を）是非ともコントロールしようと思うなら、まず昼寝の時間を減らすことが大切である。日ごと月ごとにやってゆき、速効を求めてはならない。自然に昏濁の気が生じなくなり、次第に（修行の）手間がはぶけるようになるだろう」（『北遊語録』巻二）。

しかしながら、同じ全真教徒でありながら、「消陰魔」ないし「煉陰魔」をまったくの迷妄とする立場も存したのであった。たとえば十三世紀の元王朝時代の人である李道純《りどうじゅん》は「破惑歌」（『中和集』巻四）において「昼夜眠らずして打睚《だがい》に苦しむ」、すなわち昼も夜も眠らずにかっと眼を見開いたままであるような人間は「惑（迷妄）」に取りつかれた度しがたい輩に過ぎぬとさげすんでいる。
そしてまたその人の『清庵語録』の巻四は、李道純がまず七言絶句の起、承、転の三句を示したうえ、弟子たちそれぞれに結句をつけさせた際の記録であるが、その一つの「教を聞くも法を聞くも事は全かり難し、法を離れ玄（玄妙な真理）を求むるも又た然らず、離れざるも聞かざるも都《すべ》て是れ錯」、法にべったりとくっ付いて離れないのも、また耳に蓋をして法を聞こうとしないのも、どちらも駄目だ、さてお前はどう答えるか、と李道純が示した句に、息庵《そくあん》なる一人の弟子は、「飢え来らば喫飯し、困じ来らば眠る——腹がへれば飯を食い、眠くなれば眠る——」とつけている。任運騰騰《にんうんとうとう》、何のはからいもなしに自然のままにやるだけだというわけである。

ところで息庵がつけた句は、そもそも唐の禅僧の懶瓚《らんさん》の作品と伝えられる「南岳懶瓚和尚歌」（『伝灯録』巻三〇）に「飢え来らば喫飯し、困じ来らば即ち眠る」とうたわれているのをそのままに用いたものにほかならないのだが、この句は息庵を一例として、全真家たちもしばしば口にするところであった。すでにして王重陽も弟子たちに向かってつぎのように語っている。「諸公如《も》し真の修行を要《ほっ》さば、飢え来らば喫飯し、睡り来らば眼《まなこ》を合し、也《ま》た打坐（坐禅）すること莫《な》く、也た学道すること莫く、只だ塵冗の事をば屏除する（ひたすら世俗のごたごたを片付ける）を要し、只だ心中の清浄の両箇の字を要す。其の余は都《すべ》て是れ修行ならず」（『重陽全真集』巻一〇「玉花社疏」）。王重陽の弟子の馬《ば》丹陽《たんよう》も「飢うれば則ち喫飯し去れ、飯罷《おわ》れば打睡し去れ」と教えたとのことであり（『丹陽真人語録』）、またかの尹志平ですら、「五華山にて住夏す。時に道衆の見《まみ》ゆる有り。詞を以て之れに贈る」と題する詞《ツー》につぎのようにうたっているのは、いささかの驚きとしなければならない。「数載崎嶇《きく》として天下遍《あまね》く、而今《じこん》幸いに林泉に遇う。飢え来らば喫飯し困じ来らば眠る。城《まち》を去ること一舎（三十里）に幾《ちか》く、別に是れ小壺天《しょうこてん》」（『葆光集』巻中）。

小壺天とは小さな壺の中に仮想された仙境のこと。天下の各地をめぐる苦しい旅に明け暮れてきた尹志平は、一夏を林泉に囲まれた五華山で過ごすことを得た喜びを小壺天にたとえ、そこでの生活を「飢え来らば喫飯し困じ来らば眠る」とうたっているのだ。眠りたいとする「睡」欲を、また「色」欲とともに「食」欲をも厳しく戒めた尹志平。その人がこのようにうたっていることを知って、いくらかほっとした気分になるのは筆者一人だけではあるまい。

（二〇〇四年五月十八日）

〈補記〉18「三惑、四欲への自戒と生の活力」（二〇〇一年三月二十二日）の補記として「眠りたい欲望と格闘した全真教」（二〇〇四年三月十八日）からかなりの部分を転載したうえ、その末尾につぎのように予告しているのがすなわちこの文章である。「同じ全真家でありながら、昼夜寐《い》ねざるところの「消陰魔」ないし「煉陰魔」をまったくの迷妄として退ける立場も存したのであった。われわれ凡人にとって、ほっとするそのことについては、あらためてまたの機会に」。

33 「龍蔵寺碑」に刻むただ一字への想念

隋の開皇六年（五八六）に建てられた「龍蔵寺碑」という碑文がある。恒州の長官の王孝仙《おうこうせん》なる人物が、仏教信者であった隋の文帝の勅命を奉じて州民一万人から寄進を募り、真定（河北省正定）に龍蔵寺を建立した次第を述べる碑文であるが、碑の末尾にその碑文の撰者が、「斉の開府・長兼行参軍なる九門の張公礼《ちょうこうれい》」と記されている。斉は六世紀後半に、隋王朝に先立って華北の東半部を支配したところのいわゆる北斉王朝。「開府・長兼行参軍」は官職名。九門は現在の河北省藁城《こうじょう》。

隋の時代に建てられた碑であるにもかかわらず、碑文の撰者の張公礼はなぜ自らの肩書として「斉」の官職を記しているのであろうか。北宋の欧陽修《おうようしゅう》は、そのことをいぶかってつぎのように言っている。「周の武帝の建徳六年、斉の幼主の高常《こうじょう》を虜《とりこ》にし、斉遂に滅ぶ。後四年にして隋は開皇の号を建つ。六年に至っては斉の滅ぶこと蓋《けだ》し已に十年なり。公礼の尚お斉の官を称するは何ぞや」（『集古録跋尾』）。北斉に対峙して華北の西半部を支配していた北周の武帝は、建徳六年（五七七）、北斉に攻め入って滅ぼした。しかしそれから四年後、すなわち西暦五八一年、北周に代わって隋王朝が建国され、開皇元年と称した。「龍蔵寺碑」が建てられた開皇六年は北斉が滅んでからすでに十年が経過しているにもかかわらず、張公礼があい変わらず北斉の官職を称しているのはどうしたわけなのか。このようにいぶかっているのだ。

ところで、清朝初期の大学者の顧炎武《こえんぶ》は一つの見方を提示している。「この碑に張公礼の北斉の官が大書されているのは、決して後世の人間の加筆ではない。私の考えるところ、顔之推《がんしすい》が北周、隋とつぎつぎに仕える王朝を変えながら、家訓を著わすに当たってあい変わらず梁を本朝と称しているのは、思うにこれと同じ考えに基づくのだ。その頃、中国は南北に分裂し、短命の王朝が交代を繰り返し、臣下たる者、一つの王朝に節義を貫いて一生を終えることはなかなか困難であったが、心に主人とするところの王朝が名乗りに現われること、かくもまことに確固不動であったのだ」(『金石文字記』)。

顔之推は家訓の鼻祖とされる『顔氏家訓』の著者。動乱の時代であった六世紀中国の歴史に翻弄され、そもそもは江南の梁王朝に生を受けながら、梁が滅亡したことによって華北に移らざるを得ず、その後、西魏、北斉、北周、隋と転々と仕える王朝を改めた。しかしそれにもかかわらず、彼が「本朝の淪没せるに値《あ》い、流離すること此《かく》の如し」(終制篇)と、依然として梁を本朝と称していることに顧炎武は感慨をもよおしているのである。かかる感慨には、明朝の遺臣として生涯清朝に仕えようとはしなかった顧炎武の深い思いがこめられているのに違いない。

中国が「南北に分裂し、短命の王朝が興亡を繰り返し」た魏晋南北朝時代、すなわち六朝時代とも呼ばれる三―六世紀の間、一つの王朝に節義を尽くす人物は極めてまれであった。顧炎武と同じく清朝の人である趙翼《ちょうよく》は「六朝の忠臣、節に殉ずる者無し」と題した文章を、「魏晋以来、易代(王朝交代）の際、能く旧君を忘れざる者、司馬孚《しばふ》と徐広《じょこう》を称す」と書き始めている（『陔余叢考』巻一七）。

司馬孚と徐広のことはともかくとして、よく知られるのは有名な詩人の陶淵明《とうえんめい》の場合である。陶淵明は東晋王朝と劉宋王朝の交代期を生きたのだが「著わす所の文章に皆な其の年月を題するも、義熙以前は則ち晋氏の年号を書し、永初自《よ》り以来は唯だ甲子を云うのみ」であったと伝えられる。義熙は東晋王朝の終り近くの年号、永初は劉宋王朝最初の年号。劉宋王朝成立後の作品には詩題に年号をそえることなく、このようにして陶淵明は抵抗の姿勢を示したのだ。

「龍蔵寺碑」の撰者の肩書にそえられているたったの一字。その一字が、このようにかくもさまざまの想念を喚起するのである。


（二〇〇四年八月二十一日）

34　文革の犠牲者を描く『中国の冬』

一月の末のこと、中国のS大学のK教授が来日され、食事をともにしながら話し合う機会を持った。教授は一九五〇年の上海生まれ。中国宗教史と思想史の専家である教授は、毎年のごとくに大著を世に問い、最も注目されている学者の一人である。

さてその日、K教授が日本の食べ物のなかで好みとするのは蕎麦と納豆と刺し身であり、馬刺しも平気だということから、話は教授の経歴に及んだ。教授とは旧知の仲なのだが、過去の経歴について親しく聞くのは初めてのことである。教授は一九六〇年に中国で最も貧しいとされる貴州省に下放し、その土地の食習慣が現在の嗜好に関係しているのだとのこと。貴州省には蕎麦はもとより、納豆ともよく似た食品があり、また貴州省の少数民族の間では生肉を食する習慣があるのだという。

一九六〇年といえば、教授はまだ十歳の少年だ。知識分子を農村に送り込み、新しい社会にふさわしい人間に改造するべく再教育を行なうとの名目のもとに強制労働を強いたのが下放。教授の父君はかつてイギリスのマンチェスターに留学され、外国貿易の仕事に従事されていたという。このように、過去において外国と関係を有したことのある人物はとりわけ当局からにらまれる対象であった。

父君は昨年逝去され、母上は妹さんと一緒に暮らしておられるとのことであるが、その当時、教授の一家は大変な苦労を味わわれたのに違いない。教授が大学に入学したのは二十七歳の時のこと、いわゆる文革がようやく終結した一九七八年のことであった。

「何という偶然」。思わずそうつぶやいたのは、あたかもその日、筆者のショルダーバッグの中にあと数十ページを読み残すだけの一冊の書物が突っ込まれていたからだ。その書物とは、梁恒《リアンホン》＋ジュディス・シャピロ著『中国の冬――私が生きた文革の日々――』（田畑光永訳、サイマル出版会、一九八四年刊。原題は「革命之息子」）。

一九五四年の五月、梁恒は姉二人を持つ男の子として、湖南省の長沙に生まれた。父親は共産党の機関紙『湖南日報』の記者、母親は長沙市公安局（警察署）の幹部であり、一家は平穏な生活を送っていたのだが、一九五七年の「百花斉放運動」に端を発し、やがて「反右派闘争」へと変貌する政治状況の中で、母親が右派分子のレッテルを張られたことが悲運の始まりとなった。

党への忠誠に生きる父親は母親と離婚。しかしその父親も、一九六六年に発動された文革の大嵐の中で反革命分子として徹底的な批判と攻撃にさらされ、一家はほとんど離散状態。

そんな中で、梁恒は紅衛兵となって江西省の革命の聖地である井岡山《せいこう》までの「長征」を試みたり、北京まで出かけたりもする。あるいはまた、酒と喧嘩に明け暮れる絶望的ですさんだ放蕩の生活に身を沈めたりもする・・・。

満足な学校教育といえば小学校までの経験しかない梁恒が湖南師範学院に入学し、大学生活を開始するのは、K教授と同様に一九七八年のこと。そして学院に派遣されていたアメリカ人女性教師、すなわち共著者であるジュディスとの出会いがあり、ついに結婚を果たすのだ。

K教授は貴州省に下放してから大学に入学するまでの生活について詳しく語られることはなかった。だが筆者の頭の中では、梁恒が語っている彼自らの経験と教授の経歴とが一つに重ね合わされたのであった。もっとも教授の夫人は、梁恒の場合とは異なって中国文学研究を専門とされる中国人女性である。

（二〇〇五年二月二十四日）

〈補記〉この文章にご登場ねがったS大学のK教授とは一九九七年三月十三日欄（本書04）で取り上げた『中国禅思想史』の著者の葛兆光《ゴオチャオクワン》氏。その頃、葛氏は清華大学教授であったのだが、後に復旦大学に移り、現在に至るまで同大学の文史研究院教授をつとめておられる。葛兆光氏の業績については、『葛兆光自選集』」（一九九八年三月十七日）、「国際東方学者会議」（一九九八年六月九日）など、取り上げること再三に及ぶ。

35 鑑真和上の像に天平の昔を偲ぶ

二月の末、上京した機会に上野の東京国立博物館で催されている「唐招提寺展」に足を運んだ。関西に住まっている筆者とてなかなかかなえられぬ「鑑真《がんじん》和上像」とじきじきに対面することを最大の目的とした。目をつぶって端然と坐すそのお姿には、他をよせつけぬ気力が全身にみなぎる。今に残る彩色も鮮やかだ。

日本からの留学僧の要請に応じて、揚州の大明寺にあった和上が日本に渡る決心を固めたのは、唐の玄宗の天宝元年（七四二）のこと。だが渡航の企てはさまざまの障害に遭遇し、その間、和上は失明の悲運にも見舞われ、ようやく初志が果たされたのはそれから十二年後の天宝十三載（七五四）、日本の年号では天平勝宝六年のことであり、さらに五年後の天平宝字三年（七五九）に唐招提寺を開基されるのである。

鑑真和上の伝記は『宋高僧伝』巻一四の明律篇にもそなわり、その入寂の様子をつぎのように伝えている。

——日本の天平宝字七年（七六三）癸《みずのと》卯の歳の五月五日を以て、疾《やまい》無くして衆に辞して坐亡し、身は傾壊せず。乃ち唐の代宗の広徳元年なり。
さらにまた『宋高僧伝』に先立ち、しかもより一層詳細な伝記として淡海三船《おおみのみふね》の撰述にかかる『唐大和上東征伝』があり、それにはつぎのようにある。

――(天平)宝字七年癸卯の春、弟子僧の忍基《にんき》、夢に講堂の棟梁(むな木とはり)の摧折するを見る。寤《さ》めて驚懼し、大和上の遷化せんと欲するの相なりと。仍《よっ》て諸々の弟子を率いて大和上の影(姿)を模す。是の歳の五月六日、結跏趺座《けっかふざ》し、西に面して化す。春秋は七十六。

今日のわれわれが接する和上像は忍基が模したものなのかどうなのか。それはともかくとして、いずれの伝えるところも、和上は坐したままの姿で入寂されたというのであって、かかる「坐亡」あるいは「坐化」は高僧であることの証《あかし》とされるのだ。
『東征伝』は「臨終に端坐して禅定に入るが如き、当《まさ》に知るべし、此の人の已に初地(の菩薩)に入ることを」という『千臂《せんぴ》経』の言葉を引いたうえ、「茲《こ》れを以て之れを験するに、聖凡測り難し」と述べている。
鑑真和上像との対面を果たしおえた筆者は、感激もさめやらぬまま、帰宅後さっそくに『東征伝』を読み返してみたのだが、ほかにもいろいろと発見があるのがうれしい。たとえば、何度目かの渡航の企てが頓挫した天宝九載(七五〇)条に次の記事がある。

――韶《しょう》州(広東省韶関)の禅居寺に至り、留住すること三日。韶州の官人又た迎えて引《まね》きて法泉寺に入らしむ。乃ち是れ則天(武后)の慧能禅師の為に造りし寺なり。禅師の影像、今も現在す。

これは、禅の六祖慧能の消息を早くにわが国に伝えた記事とすべきものであろう。

あるいはまた、渡航がかなう直前の天宝十二載（七五三）十月十五日、和上のもとを訪れた藤原清河たちがつぎのように語っている記事。

——弟子等、先に大和上の尊名幷《なら》びに持律の弟子五僧を録し、已に主上に奏聞し、日本に向かいて戒を伝えんと。主上は道士を将《ひき》い去らしめんと要《ほっ》せしも、日本の君王は先に道士の法を崇めざれば、便《すなわ》ち奏して春桃原等四人を留め、住《とど》まりて道士の法を学ばしめんと。

道教に深く傾倒した唐の玄宗は道士をも同行させようとしたらしいが、日本側がやんわりとことわったのだ。もし玄宗の要求を受け入れていたならば、わが国古代の宗教事情はいささか異なったものになっていたかもしれない。それにしても、かの地にとどめて「道士の法」を学ばせることとしたという春桃原とは何者であったのであろうか。興味は尽きない。

（二〇〇五年三月十七日）

36 唐の玄宗が改変した『史記』と『漢書』

われわれ日本人にもなじみの深い司馬遷《しばせん》の『史記』。十二本紀、十表、八書、三十世家、七十列伝の合わせて百三十巻から成る『史記』のなかでも、とりわけ白眉と称すべきは顕著な個人の伝記である列伝であって、周の武王の殷討伐に抗議すべく首陽山に隠れて餓死した伯夷《はくい》と叔斉《しゅくせい》兄弟のことを叙す伯夷列伝が第一、斉の桓公を補佐した宰相の管仲《かんちゅう》と景公を補佐した宰相の晏嬰《あんえい》を合伝する管晏列伝が第二、道家の思想家の老子と荘子、それに法家の思想家の申不害《しんふがい》と韓非子《かんぴし》とを合伝する老子韓非列伝が第三とつづく。

ところで楊貴妃とのロマンスで知られる唐の玄宗皇帝の時代のこと、勅命によってこの列伝の順序に改変の加えられたことが『史記』の注釈である張守節《ちょうしゅせつ》の『正義』につぎのように伝えられている。張守節はあたかも玄宗時代の人。「老子と荘子、開元二十三年（七三五）、勅を奉じて升せて列伝の首と為し、夷斉（伯夷と叔斉）の上に処《お》く」。その結果、列伝第三の老子と荘子を移して伯夷の前に置き、三人を合伝して列伝第一とするテキストが作られたのであった。

老子の姓は「李」であり、唐王室の姓も「李」であるところから、唐の初代皇帝の高祖李淵《りえん》以来、老子は唐王室の始祖として崇められ、第三代皇帝の高宗の乾封元年（六六六）には、老子に太上玄元皇帝なる尊号がおくられている。

そして玄宗の場合には、彼の道教傾倒が老子に対する熱い思いに一層の拍車をかけた。というのも、『老子道徳経』こそは道教経典のなかで最も基本的で重要なものとされており、その著者の老子はつとに太上老君とよばれて道教の神々の中心に位置を与えられていたからである。

玄宗の一代に、老子の尊号は太上玄元皇帝からさらに大聖祖玄元皇帝、聖祖大道玄元皇帝、大聖祖高上大道金闕玄元天皇大帝とその荘厳化が加速される。また開元十八年（七三〇）には宮中において『老子道徳経』の進講が開始され、二十年（七三二）には、玄宗自らの述作とされる『老子』の注釈が御注の名のもとに完成した。翌二十一年（七三三）には各家庭に『老子』のテキスト一本を備えることが命じられ、二十三年（七三五）には御注『老子』をさらに敷衍《ふえん》した注釈の御疏が完成する。『史記』の列伝の順序を改めて老子を筆頭に置けとの勅命が発せられたのはこのような一連の流れのなかでのことであり、御疏が完成した年のことにほかならなかった。

そして玄宗の時代には、荘子にもまた南華真人の尊号が贈られ、その著書である『荘子』が『南華真経』と呼ばれるようになったのであった。真人とは道教の神を、真経とは道教経典を意味する言葉である。

『史記』列伝の順序に改変の手が加えられただけではなかった。『旧唐書』礼儀志は、天宝元年（七四二）の二月、「詔して古今人表の玄元皇帝をば升せて上聖に入らしめた」と伝えている。「古今人表」

は『史記』の後を継ぐ史書として後漢の班固《はんこ》によって著わされた『漢書』の一篇であり、古今の有名な人物が上上の聖人から下下の愚人までの九等にランクづけられているのだが、「古今人表」では中上に、すなわち第四等にランクされている老子を第一等に改めよというのだ。

改変の手の加えられた『史記』、それにまた『漢書』のテキストがいつまで行なわれたのかは知らないが、現在のテキストはもとより本来の姿のままにもどされている。

（「玄宗が改変した『史記』と『漢書』」二〇〇五年六月十六日）

37 地方神となった後漢の隠者厳光

『高僧伝』習禅篇の曇超《どんちょう》伝につぎの話がある。曇超は五世紀中国の南斉時代に杭州の霊隠《りんいん》山に住していた沙門。

ある日のこと、突然に風が起こり雷がとどろいたかと思うと、笏《しゃく》を手にした一人の男が進み出て「厳鎮東《げんちんとう》どののお目通り」と称し、それにつづいてものものしい儀仗を従えた端正な顔立ちの人物が現われてこう名乗った。「それがし七里を住まいとし、このあたり一帯の土地を統べることを任務としている。法師がこの地にやって来られたと承り、それでご挨拶に参った」。

男はそう名乗りおえたうえで、一つの用件を依頼した。「富陽県の民が昨冬、麓山《ろくさん》の下を掘り崩してれんがを作り、龍の住まいを侵害し破壊したため、龍どもが一斉に憤慨し、三百日にわたって雨を降らせないことにした。今ではすでに百日余りとなり、井戸や池の水はからからに干上がり、田植えはさっぱりできぬ。法師は神と感通する道と徳を備えておられるから、ひとつ曲げてご足労を願いたい。きっと感応によって雨をもたらすことができるであろう」。

依頼を引き受けた曇超は、赤亭山にやって来ると、はるかに龍に向かって呪願《じゅがん》し説法した。するとその夜、龍どもが人間の姿となって現われ、礼拝したうえ仏法僧の三宝に帰依せんことを請い、われわれは龍だと名乗った。曇超はさっそくのこと雨を降らせるように頼んだが、しかし互いに顔を見合わせたまま無言である。

その夜、またもや曇超の夢に龍が現われて言った。「そもそも怒りに駆られて誓いを立てたのだが、法師が善導してくださったからには、むざむざご命令に違うことはせぬ。明日の夕刻、きっと雨を降らせよう」。翌朝、曇超は使者を県知事のもとに遣わし、船を用意して『海龍王経』を読誦するように命じた。県知事はさっそく僧侶を招いて船を銭塘江《せんとう》に浮かべ、『海龍王経』を読誦させたところ、読誦がおわった途端にどしゃ降りの大雨となった。

龍が雨をもたらすとは古くから言い伝えられるところ。また『海龍王経』は海底の龍宮に住まう龍の眷属を仏が説法教化したことを説く仏典。それらのことはそれとして、この話について注目したいと思うのは厳鎮東のことである。厳鎮東は東方の地域に鎮守する神であるのに違いないのだが、だがなぜ「厳」という姓を名乗っているのであろうか。筆者には、『後漢書』の逸民伝に列せられている厳光《げんこう》、字《あざな》は子陵《しりょう》と関係があるように思われてならない。

後漢王朝の創業者である光武帝がまだ学生であった頃に知り合った古い友人の厳光は、姓名を改めて世間との交渉を絶っていたのだが、光武帝の捜索によって見つけ出され、丁重に朝廷に迎えられる。だが長逗留は無用と、厳光があらたに隠棲の場所と定めたのは富春、すなわち銭塘江沿いの富陽（浙江省富陽）の地であった。

『後漢書』は「乃ち富春山に耕す。後の人、其の釣《つり》せし処を名づけて厳陵瀬《げんりょうらい》と為す」と伝え、その注に引く『輿地志《よちし》』に「七里瀬は東陽江の下に在って、厳陵瀬と相い接し、厳山有り。桐廬《とうろ》県（浙江省桐廬）の南に厳子陵の漁釣《ぎょちょう》せし処有り」とある。厳鎮東が「それがし七里を住まいとす」と名乗る七里とは七里瀬のことであるのに違いない。それだけではない。曇超はわざわざ赤亭山に出向いて龍に説法したのだが、北宋時代撰述の地理書である『太平寰宇記《かんうき》』の巻九三に「赤亭里」の項目があって、「即ち厳子陵、此に釣す。台基の存する有り」と伝えている。

このような想像の糸をつなぎ合わすならば、後漢時代の隠者であった厳光はどうやら銭塘江一帯の地域を統治する地方神に姿を変えたように思われる。

（二〇〇六年一月三十一日）

38　風水説とは何か

三浦國雄氏の『風水講義』（文春新書）を楽しく読んだ。

近年のわが国では、風水はなかなかのブームのようである。ちなみに筆者の手元にある『広辞苑』の「風水」の項目に当たってみると、昭和四十四年五月発行の第二版では、「陰陽道で、墳墓の地を占い定める術」と至ってそっけない。それに対して、平成十年十一月発行の第五版では、「山川・水流などの様子を考え合せて、都城・住宅・墳墓の位置などを定める術。特に、中国や李朝朝鮮では墓地の選定などに重視され、現在も普及」と格段に詳しくなっているのも、そのような風水ブームを反映したものなのかもしれない。

だが本書は、昨今の風水ブームに便乗しようとするハウツー本などではない。すでに『風水・中国人のトポス』（平凡社ライブラリー）の著書のある著者は、「風水占いブーム」の渦中で実益のない風水を勉強するというのは、誤解も招くし、とても居心地がわるい、と告白している。それ故、本書を読んでも幸せになれるわけではないとことわったうえ、風水が「生まれ出てきた中国の歴史的、文化的土壌にもどしたうえで、その思想的基盤や原理的な仕組みを明らかにしたい」と宣言している。本書を通読して、中国思想史研究を本領とする著者が「古典籍にもとづいて書かれた風水の基礎的な案内書」と自負しているのを裏切られることはない。

著者によるならば、風水説の基層にあるのは中国思想に一貫して重要な概念である「気」であり、大地を流れる生気の道筋が「龍脈」、龍脈の上でもとりわけ生気が濃密にわだかまるポイントが「龍穴」と呼ばれ、この龍穴を捜し当て、その上に墓や家や村や都市を営むと墓主の子孫や家の住人には幸福が訪れ、村や都市は繁栄するというのが風水説の仕組みなのである。

「龍脈」は中国医学で元気が流れるとされる「経絡《けいらく》」に、「龍穴」は「経穴（ツボ）」に相当するのであって、ここには人体と大地とのアナロジーが見いだされるのだ。

このような風水説の仕組みが、一冊の書物に解説を加えるという方法によって具体的に示される。その書物とは、十六世紀の明代に徐善継《じょぜんけい》、徐善述《じょぜんじゅつ》の双子の兄弟によって著わされた『地理人子須知《しゅち》』。すなわち、「人の子たる者が是非ともわきまえておくべき地理に関して」と題された書物である。古においては、風水は「地理」の名で呼ばれるのが一般であった。

徐兄弟の書物は陽宅風水（家相）に関する記述は乏しく、都市風水と墓地風水についてもっぱら説かれているとのことであって、従って本書の叙述もそのようになっているが、ほとんどの各ページに図がそえられているのが理解を助けてくれる。そして「地理――大地の筋目――」が「天文――天の文様――」に対する言葉であることからも推量されるように、都市風水には天界の構造が色濃く投影されているのであり、人体と大地とのアナロジーに加えて、風水説には宇宙を構成する三大要素の天、地、人を貫く体系が盛られていることが了解されるのだ。

著者は中国、朝鮮、日本の東アジア三国を「漢字文化圏」「儒教文化圏」とくくるのに加えて、「風水文化圏」とくくることもできるのではないかと主張している。中国はもとよりのこと、朝鮮や沖縄を足しげく訪れ、その地の文化や習俗について該博な知識を有している人ならではの主張は説得力をもつ。

（二〇〇六年三月七日）

39　早春の伊豆に見た花は美しかったが

三月の初旬、東京での所用をすませた後、一日を伊豆に遊んだ。目的地に選んだのは静岡県の下田。品川駅の「みどりの窓口」で特急「踊り子」号の指定席券を購入しようとしたのは午前十一時ごろ。ところが午後二時台までの列車はすべてすでに完売で空席はないとのこと。怪訝《けげん》に思ってたずねると、下田の手前の河津の「桜祭り」に繰り出す旅行客で満席なのだそうだ。今のこの季節に「桜祭り」とは一体何としたことと思いつつも、取りあえず午後二時台の切符を確保したうえ、普通列車で小田原に向かい、そこで数時間を過ごすこととした。

神奈川県の小田原市は、数十年前にその近くで数年間を生活したことのある熟悉の町。城址公園はなかなかの賑わいで、すでにあちこちに桜の花がちらほらと綻び、なるほど湘南は温暖の地なのだとあらためて認識する。

さていよいよ小田原から「踊り子」号に乗車。列車が伊豆半島を南下するにつれて、遠景また近景に満開の状態の濃紅色の花が乱舞する。梅なのか桃なのか、それとも桜なのか。よく見てみると、それらが梅でもなく桃でもなく、まぎれもなく桜であることは明らかだ。後になって知ったのだが、緋《ひ》寒桜《かんざくら》というのだそうだ。とりわけくだんの河津では、川の両岸に緋寒桜が咲き誇り、花見客で雑踏している光景が車窓からも眺められた。

下田でも緋寒桜は満開だった。たずねてみると、今年は寒い冬だったために例年よりは半月は遅いのだとのこと。筆者にとってはめったと経験することのない三月初旬の花見。それを堪能できただけでも充分に満足すべきものだったのだが、そのうえ幸いにも二日つづきの好天に恵まれたおかげで、下田の町の東に立つ寝姿山からの素晴らしい眺望を楽しむこともできた。

穏やかな青海原を隔てて、北は大島に始まって南は神津島まで、伊豆の島々は手に取るようだ。下田港に現われたペリーの黒船の姿はそもそもこの寝姿山の山上から確認され、緊急の情報は早馬か何かで江戸の幕府に伝えられたはずなのだが、この素晴らしい風景を目の前にすると、そのような当時の人々の右往左往の慌てぶりも滑稽にすら思われるほどである。

春らんまんであった伊豆の旅。とはいえ、何から何まですべてが満足のゆく百点満点であったわけではない。下田での宿としたホテルのダイニングルームでの出来事が思わぬ水をさした。ダイニングルームの中央に陣取った六十歳代の十人前後の老人族。察するに定年退職した同僚同士のグループかと見うけられ、大いに盛り上がっている様子である。ところが突如として、その中の見かけは立派な紳士然とした一人の男性が立ち上がり、大声を張り上げた。

あまりの大声なので部屋中に反響し、かえってよくは聞き取れぬのだが、どうやら、宴たけなわにもかかわらずコース料理の最後のしめとなる品がはやばやとテーブルに運ばれてきたことに腹を立てているらしい。ホテルの主任と思われる人物が飛んで来て、平謝りに謝っている。

そんな思わぬハプニングで、すっかり白けた気分になったのは筆者だけではあるまい。その場に居合わせたほかの客も同様であったに違いない。気分が白けると、折角の酒と料理がまずくなるのは当然のこと。若者を相手にすれば、きっと口うるさくのたまうのであろう老人族。老人族までがこんなに行儀が悪くなってしまったのでは、日本の将来は一体どうなるのであろうかと憂えた次第である。

（二〇〇六年三月二十一日）

40 「疑経」の撰述と仏教の風土順応

三月の中旬、京都大学の総合人間学部で中国思想史を専門とされる西脇常記教授の最終講義を聴講した。講義の題目は「『仏母経』について」。

『仏母経』は五世紀南斉の曇景《どんけい》によって漢訳された『摩訶摩耶《まかまや》経』を下敷きとしつつ中国において撰述された仏教経典、すなわちいわゆる疑経である。つとに『大正新修大蔵経』に、二十世紀の初めにイギリスのスタインが敦煌において手に入れた写本に基づくテキストが収められているが、完本ではなくして残欠本である。一九九五年に出版された『蔵外仏教文献』第一輯（宗教文化出版社刊）には合わせて二十六種の敦煌写本を整理した四種のテキストを収め、整理者の李際寧《リーチーニン》氏が「解題」で述べているように、各テキストの文章には出入りがありはするものの、その内容はあらましつぎのようなものである。

シャカムニは入滅する際、弟子の優波離《うばり》を忉利天《とうり》にいます母親の摩耶夫人のもとに遣わし、自分が今や入滅せんとすることを知らせる。それに先立って六種の不吉な夢を見ていた夫人は、知らせを聞くと急いで下界にやって来る。その時、シャカムニはすでに黄金の棺に納められていたのだが、夫人が棺のまわりを巡りながら泣き叫ぶと、シャカムニは棺から姿を現わし、「慈母よ、慈母よ、一切の衆生には会《かなら》ず崩絶有り。一切の叢林には会ず摧折有り。一切の江河には会ず枯竭有り。母子の恩愛には会ず離別有り」との「無常偈」を説く。この偈を聞いた夫人は、涙ながらに忉利天へと引き返した。

西脇教授は画像をも用いながら、『大正蔵経』にも『蔵外仏教文献』にも採られていないロシア蔵の敦煌写本やドイツ蔵のトルファン写本の『仏母経』を紹介された。さらにまたドイツの国立バイエルン図書館所蔵と中国の国家図書館所蔵の写本ではない刊本をも紹介し、八、九世紀以後、『仏母経』が連綿と伝承された歴史を明らかにされた。

李際寧氏は、『仏母経』には中国の伝統的な思想である孝道が強調されているところに中国撰述の疑経の特色を見いだしているのだが、西脇教授はさらに加えて、摩耶夫人が見た六種の不吉な夢の一つに「夢に五月に霜の下《ふ》るを見る」とあることに注目すべきであると述べられた。というのも、陽暦であれば夏に当たる陰暦の五月に霜がおりるという異常現象は、中国の戦国時代の斉の思想家である鄒衍《すうえん》の故事として知られるものであるからだ。すなわち、漢の劉安《りゅうあん》の著作である『淮南子《えなんじ》』（『芸文類聚』巻三に引用）に、「鄒衍は燕《えん》の恵王に事《つか》えて忠を尽くせしも、（王の）左右のもの之れを譖《そし》りたれば、王は之れを繋ぐ。天を仰いで哭するに、夏五月に之れが為に霜を下《ふ》らす」とあるのがそれであり、唐の詩人の李白《りはく》はその故事をふまえて、「燕の臣は昔《そのかみ》慟哭し、五月に秋霜を飛ばす」（「古風」五十九首の一）とうたっているという。

疑経の『仏母経』に関する西脇教授の講義を聴講してから数日後のこと、まったく偶然にも、ほぼ時を同じくして刊行された西尾賢隆氏の『中国近世における国家と禅宗』（思文閣出版刊）に、中国仏教がインドに由来を持つ経典に依拠する時代から中国撰述の疑経の時代へ、疑経の時代から禅者の生の声の記録である語録の時代へと展開したという見取り図が示されているのを読んだ。とするならば、疑経は中国仏教史に一つの時代を画するほどの重い意義を有したのであり、また仏教がそれぞれの地域の風土に順応しつつ発展を遂げた、したたかな宗教であることをあらためて認識するのである。

（二〇〇六年四月六日）

41 仏教に心を寄せた隋の文帝と道教由来の年号

北周の宣帝の楊《よう》皇后の父親として実権を掌握した楊堅《ようけん》は、西暦五八一年、北周王朝を奪ってあらたに隋王朝を創業し、年号を「開皇」と定めた。隋の文帝である。その時点においてはまだ華北を支配するだけにとどまったものの、八年後の開皇九年（五八九）には江南に拠る陳王朝を滅ぼし、およそ四世紀ぶりに南北中国の統一に成功する。

ところでこの「開皇」という年号が、実はそもそも道教に由来するものであることを『隋書』に伝記のある王劭《おうしょう》なる人物の指摘によって知るのである。すなわち王劭は、隋の文帝に奉呈したある時の上書の一節に神秘の書の『河図帝通紀《かとていつうき》』を引用したうえ、そのなかに「協霊皇」と見える一句につぎのような解釈を施しているのだ。

――「協霊皇」の「協」は「合」であって、大隋王朝の徳が上霊なる天皇大帝に合致することを意味する。また開皇なる年号は『霊宝経』の開皇の年と合致し、それ故「霊皇に協《かな》う」というのである。

天皇大帝は天上界の最高神。そして『霊宝経』は道教経典の一つのかたまりに与えられた名称なのだが、北周時代に編纂された道教エンサイクロペディアの『無上秘要』に引用されている『霊宝経』の一種である『洞玄霊書経』、そこに語られている天尊の言葉のなかに龍漢、延康、赤明、そして開皇の年号が現われる。天尊とは道教の最高神である元始天尊のことであって、天皇大帝と一つに重なるであろう。

――天尊言わく、龍漢の後、天地破壊す。其の中は渺渺《びょうびょう》として億劫にわたりて光無く、上に復《ま》た色無く、下に復《ま》た淵無く、風沢洞虚にして（野分けすさびて物すべてすっからかんとなり果て）、幽々冥々、無形無影、無極無窮、混沌として期《あて》無く、号して延康と為す。赤明に至るに逮《およ》んで光を開き、天地は位に復す。一劫（一周期）の周《めぐ》るや、天地又た壊《こぼ》たれ、復《ま》た光明無く、五劫の中、幽々冥々たり。三気（陰の気、陽の気、中和の気）は混沌たるも、運に乗じて生じ、開皇に至るに逮《およ》んで天地は位に復す。

無限の時間を周期として繰り返される天地の崩壊と再生。『隋書』経籍志の道教経典の解説では、『無上秘要』とはいささか異なって、龍漢、延康、赤明、開皇の年号の順序が延康、龍漢、赤明、開皇となっているのだが、それはともかくとして、それぞれの年号の間は四十一億万年も隔たっているのだという。

このように「開皇」なる年号は道教に由来するものであり、そこには実にめでたい意味が託されていることを教えられた隋の文帝の機嫌の悪かろうはずはなかった。王劭の上書に接した文帝は大いに悦び、「劭を以て至誠と為して寵錫《ちょうしゃく》（恩寵のしるしとしての賜り物）は日ごとに隆《さか》ん」となった。

だがしかし、文帝の心は実はどうやら道教よりもむしろ仏教に大きく傾いていたようである。そのことを機敏に察知した王劭は、今度はまたなんと「民間の歌謡を採り、図書讖緯《としょしんい》（神秘の預言記）を引き、符命に依約し（天が下した吉兆だとこじつけ）、仏経を捃摭《くんせき》（仏教経典を蒐集）し」、このようにして撰述した『皇隋霊感誌』三十巻を奏上する。それだけではない。年号が開皇から仁寿と改まったその元年（六〇一）の六月、文帝によって天下諸州の三十カ所に仏舎利塔の建立が命じられると、舎利を納めるに当たってそれまでは雲が低く垂れ込めていた天がにわかに晴れわたったとか、あたりには雪が降りしきっていたのに草木に華が開いたとか、そのような不思議な現象のかずかずを三巻仕立ての『舎利感応記』に記したのであった。

（「仏教に心を寄せた文帝と道教的年号」二〇〇六年九月二十一日）

42　古代中国の薄葬と嵯峨遺詔への影響

池田温編『日本古代史を学ぶための漢文入門』（吉川弘文館、二〇〇六年一月刊）を一読した。東京大学東洋文化研究所で三十年以上の長きにわたって定期的に開かれている「律令制比較研究会」のメンバーの人たちによる共同執筆であり、上代人の漢籍の受容、さらにひろげていえば中国文明の受容の問題に関していろいろと教えられるところがあった。

たとえば、大宝令の注釈書で天平十一年（七三九）ごろの成立の『古記』に見える漢籍の引用形式に綿密な検討を加えている東野治之氏の「古代人が読んだ漢籍」。東野氏は「云」と「曰」の文字の違いに注目し、『古記』に「某書に云わく」として引かれているのが直接引用、「某書に曰わく」として引かれているのが間接引用であるという一つの目安を立てたうえ、かかる目安のもとに直接引用と判断された漢籍が、儒教の古典である経書関係の経部には『尚書』（すなわち『書経』）以下の数種が、歴史書関係の史部には『漢書』顔師古《がんしこ》注と地理志以下の数種が、一般思想書関係の子部には『甲乙』以下の数種が列挙されている。

そして筆者がとりわけ興味深く読んだのは、藤原克己氏の「『続日本後紀』の嵯峨遺詔」の一文であった。

嵯峨遺詔とは、承和九年（八四二）、嵯峨上皇が享年五十七をもって崩御するに際して下した詔であって、自分の崩御後に薄葬を行なうようにと命じているのだが、その遺詔が中国の西晋時代の皇甫《こうほ》謐《ひつ》（二一五—二八二）の「篤終《とくしゅう》」と題された文章を全面的に下敷きとしたものであることが指摘されている。

『晋書』皇甫謐伝に載せられている「篤終」は、六十歳の年齢を迎えようとしていた頃の皇甫謐が自分の死後の葬送のやり方を息子たちに指示した文章であって、そこには極めて具体的につぎのような方法によって自分を葬るようにと命じているのである。

——私は朝に死ねばその夕に葬られ、夕に死ねばその翌朝に葬られたいと思う。棺槨《かんかく》（内棺と外棺）は設けず、屍を布でぐるぐる巻きにはせず、清めの沐浴は行なわず、屍を被う衣裳は新調せず、死者の口に含ませる玉などは一切よしにする。・・・・息絶えたならば、ただちに幅巾（隠者の頭巾）をかぶせ古い衣裳を着せ、アンペラで屍をくるみ、麻縄で両端を縛り、屍を戸板の上に置く。不毛の土地を選んで深さ十尺、長さ一丈五尺、幅六尺の穴を掘り、掘りおわったならば戸板を持ち上げて穴に運び、戸板から屍を下ろす。・・・・アンペラはともかくとして、屍を土になじませるのだ。穴を掘ったあとの土地を平らにならし、草をもとに戻して再びその上に生えるようにさせるのだ。

嵯峨上皇の「遺詔」が、「夫《そ》れ存亡は天地の定数、物化の自然なり——そもそも存亡はこの天地の間の必然であり、万物の変化の自然である——」、このように書き出されているのが、そもそも「存亡は天地の定制、人理の必至なり」と書き出されている「篤終」を襲用するものであることがまぎれもないのを始めとして、藤原氏によって的確に指摘されているように、その「遺詔」には、右に示したところの薄葬のやり方を指示した「篤終」の文章が随所に下敷きとされているのである。

皇甫謐の「篤終」は裸葬《らそう》、すなわち一糸まとわぬ屍を土中に葬ることを指示した前漢の楊王孫《ようおうそん》の遺書とともに、中国の後世の薄葬論者の誰しもがいつも必ず意識にのぼせざるを得ない文章であったのだが、その顕著な影響のもとに書かれた文章が、中国だけではなくわが国にも存在することを知ったのは何よりの収穫であった。

（二〇〇六年十月十二日）

〈補記〉　この文章、拙稿「皇甫謐の「篤終論」」（東方学会創立五十周年記念『東方学論集』、一九九七年。後に『六朝隋唐文史哲論集Ⅰ——人・家・学術——』、法藏館、二〇二〇年刊、に収録）をあわせて参照していただくならば幸いである。

43　墓の頭に糞する鴉

毎朝届けられる新聞の朝刊で必ずかかさず最初に目を通すのは、『朝日新聞』一面の左下に納まっている大岡信氏の「折々のうた」。作者の有名無名にかかわらず古今東西の詩句が縦横無尽に取り上げられ、大岡氏による二百字ほどの解説が付されている。

毎朝の楽しみとしているのだが、最近のものとしては、（二〇〇六年）十一月三十日掲載の歌がとても秀逸で面白かった。作者は石田比呂志さん。『萍泛歌篇《へいはんかへん》』と題された歌集から選ばれたものだという。大岡氏の解説には、「歌集題名は難しい字だが、浮草のようにただようという意味。作者の処世の覚悟を示していよう」とある。「萍泛」という言葉はたとえばつぎのように用いられる。「跡は萍泛に似て、家は罄懸《けいけん》の如し（足跡はまるで浮草のよう、家の中はすっからかん）」（唐の王棨「貧の賦」）。

さて石田さんの歌とは、

昔から昵懇《じっこん》なのという貌《かお》に鴉《からす》が墓の頭に糞《ふん》す

この歌を読んで面白いと思ったのは、いささか唐突ながら、筆者には『景徳伝灯録』巻七の湖南東寺如会《にょえ》禅師章に見えるつぎの話が浮かんだからである。九世紀中国の唐代の憲宗時代に潭州《たん》（湖南省長沙）を治所とする地方長官であった湖南観察使の崔群《さいぐん》、その崔群と如会禅師との間に交わされたつぎのような問答の話である。

一日、東寺を訪れた崔群は、雀が仏頭に糞を垂れるのを見て如会にたずねた。「雀にはいったい仏性があるのでしょうか」。如会「ある」。崔群「どうして仏頭に糞を垂れるのですか」。如会「やつはどうして鷂子《ようす》の頭に糞を垂れないのだね」。

仏頭とは仏殿に坐す仏像の頭。鷂子は猛禽の禿鷹。ありがたいはずの仏頭に糞を垂れる雀。そんな雀にそもそも仏性があるのだろうか。崔群は思わず疑問を抱いたのだ。

『高僧伝』の竺慧《じくえ》達《たつ》伝にはつぎのような話もある。慧達は四世紀の東晋時代の僧。天竺の阿《あ》育《いく》王が天下に建立した八万四千の仏塔の一つと言い伝えられる鄮《ぼう》県（浙江省鄞県）の阿育王塔を訪れた慧達は、わずかに基壇を残すだけで荒れ放題であるのを目にする。無念の思いにたえぬ慧達がひたすら想念を集中していると、なんと不思議な光が炎のように発するのが見えた。かくして慧達は龕《がん》と石畳を修理し、それ以後、鳥たちもそこに塒《ねぐら》を作ることはなくなった。つまり仏の舎利が納められた仏塔の聖性に鳥たちも畏れをなしたというわけである。

崔群は仏像には仏塔と同様にもとより聖性が備わるはずであり、仏像に糞を垂れる雀には仏性などとてもあるはずがあるまいと思い込んでいたのであったろう。しかるに如会禅師はそのような崔群の固定観念を打ち破り、仏から聖性を剝ぎ取ってみせたのである。

ところで石田さんの歌には、鴉が墓の頭に糞を垂れる機微が実にみごとにとらえられているではないか。鴉が墓の頭に糞を垂れるのはどうしてなのだろう。くだくだと七面倒くさい理屈は無用。それは鴉にとってお墓がごくごく昵懇な間柄であるからなのだ。すでに成仏した人それぞれの舎利が納められているお墓。それもやはり仏塔であるとしてよろしいであろう。

（二〇〇六年十二月十四日）

44 花銜えた百鳥にかこまれる法融

猫の額ほどのわが家の庭にも、京都の西山の近くに位置しているせいか、小鳥の訪れの絶え間がないのがうれしい。二月、三月ともなれば、鶯や目白もやって来ることだろう。昨年（二〇〇六年）十二月十四日の本欄には「墓の頭に糞する鴉《からす》」と題する一文を掲載したのだが、今回の話題も鳥。七世紀の中国、牛頭《ごず》禅の第一祖とされる法融《ほうゆう》禅師と鳥に関する話である。

法融の俗姓は韋《い》氏、延陵（江蘇省常州）の人。若くして中国の古典に通暁した法融であったが、『般若経』を読んで一驚し、思わず感嘆の声をあげた。「俗世を相手とする中国の儒家や道家の書物の文章はまるで糠《ぬか》や粃《しいな》のように味気ない。仏典が説く般若の智慧と禅定こそ導きとすべきものだ」。かくして延陵近くの茅山《ぼうざん》の炅《けい》法師に投じて落髪し、貞観十七年（六四三）、あらためて金陵（南京）の牛頭山に徙る。

牛頭山の幽棲《ゆうせい》寺の北巌のもとに構えた石室で修行にはげむ法融には、さまざまの瑞相の訪れのあったことを劉禹錫《りゅううしゃく》の「牛頭山第一祖融大師新塔記」はつぎのように伝えている。「徙りて是の山に居り、石室に宴坐（坐禅）するや、慧力感通するを以て、故に旱麓に泉湧き、神功示現するを以て、故に皓雪に蓮生じ、巨蛇は摧伏し、群鹿は聴法す」。山麓の乾いた土地に泉が湧き出し、白雪の中に蓮華が生じ、大蛇も折伏され、群れなす鹿が仏法を聴聞したというのである。そしてこのうえもなく美しいと思うのは、禅録の『伝灯録』に、「百鳥は花を銜《くわ》う」、鳥たちが法融のところに花を口にくわえてやって来て供養した、とある光景。

だがところで、美しい光景に見ほれているだけではすましてくれぬのが禅録というものであるらしい。というのも、「牛頭の未だ四祖に見《まみ》えざりし時、百鳥は花を銜えしも、見えし後、什麼《なん》の為にか来らざるや」、牛頭法融が四祖と出会う以前には鳥たちが花を口にくわえてやって来たにもかかわらず、出会って以後にはどうしてやって来なくなったのか、このような問いが『伝灯録』には繰り返し現われるからである。四祖とは、達磨《ダルマ》から数えて第四代、禅の正統の法系を嗣ぐ道信《どうしん》禅師。牛頭山を訪れた道信は、法融の道器であることを認め、禅の傍系の第一祖となるべく仏法を付嘱したのであった。

それにしても、法融が道信と出会う以前には鳥たちが花を供養しにやって来たのはどうしてなのか。たとえば南泉普願《ふがん》禅師のコメントはこうである。「只《た》だ歩歩《ほほ》仏の階梯を踏むが為なり――仏へと至る階段を一歩一歩踏みしめていたからにほかならぬ――」。また洞山良价《りょうかい》禅師のコメントはこうである。「掌《たなごころ》に珠を観て、意《こころ》に暫《しば》しも捨てざるが如し――手のひらの中の真珠に見ほれて、片時も捨てるのに忍びないようなものだ――」。

どうやら、こういうことのようだ。四祖道信に出会う以前の法融は、仏をありがたいものとして崇め求め、ありがたいものに魅了される心を払拭することができなかった。そのような心を見透かすように鳥たちがやって来たのだ。しかし、道信に出会って以後の法融にとって、仏はもはや目指すべきありがたいものではなくなり、仏と一枚となったのだ。

「墓の頭に糞する鴉」の一文に述べたのと同様に、ここでもやはりまた仏から聖性が剝ぎ取られるのである。だが法融が四祖道信と出会う以前に鳥たちが花を口にくわえてやって来たという光景はこよなく美しい。そのように思うのは、筆者が禅の悟りとはおよそ縁遠い凡俗の徒であるからなのであろう。

（「花銜えた百鳥にかこまれた法融」二〇〇七年一月十八日）

45　卒論の季節に思う

ここ数年来、某私立大学で講義を担当している筆者にとって、毎年の一月、二月は受難の季節。というのも毎年のこと、十篇内外の卒論、すなわち卒業論文の査読と試問を行なわなければならないからだ。とりわけ今年は合わせて十六篇の多きをかぞえる盛況である。

論文に取り上げられているテーマは、筆者が専門とする古代中国にかかわりのあるものに限られるとはいえ、政治史や社会史関係のものをはじめとして、思想や習俗に関するもの、芸術や技術に関するものなどなど、応接に暇《いとま》がないほどに実に多岐さまざま。なかには唐代の女性のお化粧をテーマとしたものもあり、読んでいてそれなりに楽しいけれども、その方面のことがらに無知同然の筆者には、試問に備えての準備と勉強を必要とする。

ところで卒論の下読みにあくせくしていた数日前のこと、二年前に卒業した一人の女性から電話がかかってきた。何事ならんと話を聞いてみると、試問の際、卒論にかかわる史料の所在を筆者から教示されたのだが、詳細を思い出せないのでもう一度教えてもらえないか、というのである。突然の電話であり、しかも二年前のことでもあって即答しあぐね、「今さらまたどうしたわけなのですか。

何か急ぎの必要があるのですか」とたずねたところ、「別段、急ぎの必要があるわけではありません。あらためて卒論を読み返しているのです」との答え。「それならば再度連絡してください」、ということでその日の電話を切った。

その女性の卒論のテーマは「中国における騎馬の出現と変革」。試問の際、はてさて一体どんな史料を教示したのであったろうか。電話を切ってしばらく思案を重ねているうちに、二年前の記憶が次第によみがえり、『漢書』景帝本紀の六年（前一五一）条の記事を取り上げて話したことを思い出した。

漢王朝にとっての北方の脅威であった匈奴《きょうど》族の侵攻に関するつぎのような記事である。「匈奴は雁門（雁門郡の治所は現在の山西省右玉の南）に入り、武泉（内蒙古自治区フフホトの東北）に至り、上郡（陝西省楡林の東南）に入り、苑馬（牧場の馬）を取る。吏卒（軍吏と兵士）の戦死する者は二千人」。

そしてそこの注釈に『漢儀注』なる書物が引かれている。「太僕の牧師の諸苑は三十六所、北辺と西辺に分布し、郎を以て苑監と為し、官奴婢三万人、馬三十万匹を養う」。朝廷の車馬や牧畜のことを管掌する太僕の官庁に所属する牧師苑、すなわち官営牧場は合わせて三十六カ所、それらは中国の北方と西方の辺境地帯に分布し、中堅官僚の郎官の監督のもと、国家所有の奴隷三万人が三十万匹の馬を飼育しているというのである。

これこそが二年前に筆者が話し、女性が確認したい史料であるのに違いない。二、三日後、そのことを報告し、またあわせて『漢書』の地理志に牧師苑三十六カ所のうちのいくつかについて具体的な所在地を特定することのできる記事のあることを伝えた。

二年前に提出した卒論をあらためて読み返し、しかもその時の試問のことを記憶にとどめてくれていたとは、教師冥利に尽きるというもの。卒論をあだやおろそかにあつかうことはできぬと痛感した次第である。たとえ内容は稚拙であっても、卒論には当人にとってかけがえのない思いがいっぱいつまっているのだ。各人それぞれそれなりに苦労と努力を重ねているのだ。論文提出前の数日は不眠不休の状態であったという学生もいる。この小文の冒頭に、「毎年の一月、二月は受難の季節」と述べたことを早々に撤回しなければなるまい。

（二〇〇七年二月八日）

46 『徒然草』を再読して

何十年かぶりに、岩波文庫本をたよりとして『徒然草』を再読した。若かりし日の読書とはまた異なって、さまざまの感慨がある。

有職故実のことを扱う数段は、素人にはまったく理解が及ばず、お手上げというほかはないけれども、たとえばつぎのような一文は、老境を迎えた筆者にとってひとかたならず切実だ。数年前に多くの読者を得た中野孝次氏の『清貧の思想』が『徒然草』を扱う章の冒頭にも取り上げている一文である。「四季は、なほ、定まれる序《ついで》あり。死期《しご》は序を待たず。死は、前よりしも来《きた》らず、かねて後《うしろ》に迫れり。人皆死ある事を知りて、待つことしかも急ならざるに、覚えずして来る。沖の干潟《ひかた》遥かなれども、磯より潮の満つるが如し」(第百五十五段)。

筆者にとって切実深刻な文章はほかにも山ほどあるのだが、それらのことはひとまず置き、以前の読書以後に得た知識と交錯する文章と出合うのも楽しい。たとえば第百七十七段。

——鎌倉の中書王にて御鞠《おんまり》ありけるに、雨降りて後、未だ庭の乾かざりければ、いかがせんと沙汰ありけるに、佐々木《ささき》隠岐入道《きのおきのにふだう》、鋸の屑《のこぎり》を車に積みて、多く奉《たてまつ》りたりければ、一庭《ひとには》に敷かれて、泥土《でいと》の煩《わづら》ひなかりけり。「取り溜《た》めけん用意、有難《ありがた》し」と、人感じ合へりけり。

岩波文庫の注によれば、鎌倉の中書王とは後嵯峨天皇の第二皇子の宗尊親王《むねたか》。宗尊親王が蹴鞠《けまり》の競技を催した時の話であり、佐々木の隠岐の入道については、「俗名政義、法名を真願といい、一二五〇年出家し、一二九〇年、八十三歳で卒去」とある。

ところでこの一話、岩波文庫の注には指摘がないのだが、中国の五世紀、劉宋の劉義慶《りゅうぎけい》の撰述にかかる名士逸話集の『世説新語』、その政事篇に見える陶侃《とうかん》の話が下敷きとなっているのに違いない。陶侃は四世紀東晋の武将。われわれにもなじみの深い陶淵明《とうえんめい》の曾祖父なのだが、すこぶる勤勉な人物であって、「聖人の禹《う》王ですら寸陰を惜しんで励んだとのこと。凡俗の徒ならば、寸陰の十分の一の分陰を惜しんで励まなければならぬ」、このように絶えず口にしたというのは有名な話柄である。

さて、『世説新語』の話とはつぎのようなものである。

陶侃が江陵（湖北省荊州市江陵）を治所とする荊州《けい》の長官であった時のこと、造船所の係りの者に命じて、多少にかかわらずおが屑《い》を取っておかせた。どうしてなのか、誰にもそのわけがさっぱり分からなかった。ところがその後、正月元旦の拝賀式に当たって雪が降り積み、ようやく空は晴れたもの、役所のホールの前庭は積雪のあとのこととて泥んこである。そこで陶侃は取っておかせたおが屑《い》を残らずその上に敷きつめさせ、万事滞りなく拝賀式をおえることができた。

この陶侃の話、『世説新語』だけではなく『晋書』の陶侃伝にも見えるのだが、『徒然草』第百七十七段との類似は一目瞭然であろう。佐々木の隠岐の入道の読書の中に『世説新語』や『晋書』があったのであろうか。それとも、陶侃の話をふまえての兼好法師の脚色に出るのであろうか。

（二〇〇七年四月十四日）

47 注釈をあきらめて論文を書いた何晏

五世紀劉宋の劉義慶《りゅうぎけい》が著わした名士逸話集『世説新語』、その文学篇につぎの話がある。何晏《かあん》が『老子』の注釈の執筆に着手したばかりの頃のこと、王弼《おうひつ》に会ったところ、王弼にも『老子』に注釈を書く計画があり、その内容について自ら語った。何晏の考えには至らぬ点が多かったため、ぐうの音も出ず、その通りだ、その通りだと相槌を打つほかはなかった。かくて何晏は注釈を書くことはあきらめ、それで「道徳論」を書くこととした。そのような話である。

何晏と王弼の二人は三世紀の三国魏の人物。当時『老子』と『荘子』、それに『易経』を根拠とするところの思弁哲学は玄学と呼ばれたのだが、二人はその玄学を代表する学者である。何晏には『論語』を往々にして老荘の思想によって解釈した注釈があり、また王弼には『老子』と『易経』の注釈があって、いずれも今日に伝わっている。

そもそも魏の武帝曹操《そうそう》の妾となった女性の連れ子として魏の宮廷で育ち、また後には曹操の婿となった何晏は、押しも押されもせぬ時代の寵児であった。そのためか、白粉をつけているのではないかと疑われるほどの白皙の美青年であったとか、好んで女性の衣装を身に着けたとか、自分の歩く姿の影に自らうっとりと見ほれるナルシストであったとか、魏晋の時代に爆発的な流行をみた五石散ないし寒食散とよばれる散薬の服用の先鞭をつけたとか、何晏に関してはさまざまなエピソードが伝えられている。

一方の王弼は、なんと何晏よりも三十五歳ほどの後輩であり、しかも二十四歳の若さで早世したのだが、この話に見られるように、さすがの何晏もかぶとを脱がざるを得ない早熟の天才なのであった。『世説新語』文学篇には類話がもう一条収められており、そちらでは王弼の天才に感服した何晏が、「斯《かく》の若《ごと》きの人、与《とも》に天人の際を論ずべし――このおとここそ、相手として宇宙と人生に関する究極の哲理を語り合うにふさわしい人物だ――」と評したと伝えている。

冒頭に示した逸話に見られるように、王弼から『老子』注釈の構想を聞かされた何晏はとても太刀打ちできぬと考え、自らの『老子』注釈の計画を放棄したうえ、やむなく「道徳論」を著わし、そこに自分の哲学を表明することとしたのであった。

『老子』は道篇と徳篇とから成り、「道徳論」はつまり『老子』の哲学を概論する論文なのだが、この逸話で注目されるのは、そのような論文よりも『老子』の原文に即しての注釈の方が格段に重要な著述だとされていることである。

たとえば『老子』の第一章「無名は天地の始め、有名は万物の母」、それに施された王弼の注釈はつぎのごとくである。「凡そ有は皆な無より始まる。故に未だ形あらず名無きの時、則ち万物の始めと為す。其の形有り名有るの時に及んでは、則ち之れを長じ之れを育て之れを亭《さだ》め之れを毒《あつ》くし、其の母と為すなり」。

そして恐らく「道徳論」の一章かと思われる何晏の「無名論」は、「民の誉むる所と為るは則ち名有る者なり。誉れ無きは名無き者なり。夫《か》の聖人の若《ごと》きは、名無きを名とし、誉れ無きを誉れとし、名無きを謂いて道と為し、誉れ無きを大と為す」と書き始められているのだが、何晏の考えるところ、このような論文は王弼の注釈の足元にも及ばないものなのであった。

恐らく今日においては、注釈よりもオリジナルの論文の方が価値あるものとされるであろう。だが過去の中国の学問の主流はそうではなく、論文よりも注釈の方が価値あるものとされたことを、何晏と王弼に関する逸話によってうかがうことができるのである。

（二〇〇七年六月三十日）

48　太子密建の法

数日前の書見の折、『魏書』の中で「おやおやこれは」と思う記事に出合い、思わずページを繰る手を止めた。『魏書』は四世紀から六世紀にかけて北中国を支配した北魏王朝、すなわち鮮卑《せんぴ》族の拓《たく》跋《ばつ》部が建国した王朝の歴史をつづる正史である。その記事は西域伝の波斯《はし》国の条につぎのごとく見いだされた。

――王の即位して以後、諸子の内の賢なる者を択んで密かに其の名を書し、之れを庫《くら》に封す。諸子及び大臣、皆な之れを知る莫《な》し。王死するや、衆乃ち書を発《ひら》きて之れを視《み》、其の封内に名有る者をば即《ただ》ちに立てて以て王と為す。余《のこ》りの子は出《い》でて各々辺任に就き、兄弟更に相い見《まみ》えざるなり。

波斯はペルシャ。すなわち現在のイランである。歴代の正史の中で、西域伝に波斯国に関する記事を設けたのは『魏書』が最初であった。それというのも、波斯が中国と直接の外交関係を持ったのは北魏時代に始まるからである。

『魏書』粛宗孝明帝紀の神亀元年（五一八）条に「波斯、疏勒《そろく》（カシュガル）、烏萇《うちょう》（ウジャーナ）、亀茲《きゅうじ》（クチャ）の諸国、並びに使いを遣わして朝献す」とあり、また西域伝・波斯国の条には、嘘かまことかは知らぬけれども、その時、波斯国の使者からつぎのような上書がなされたとの記事がある。「大国の天子は天の生む所、願わくは日の出《い》づる処にて常に漢中の天子為《た》れ。波斯国王の居和多《きょわた》、千万敬い拝す」。

ともかく『魏書』西域伝は、波斯国では国王逝去後の跡目争いを避けるために、国王の生前から自分の後継者にふさわしいと考える皇子の名をこっそり書きつけておくならわしであったことを伝えているのだが、この記事に出合って「おやおやこれは」と思ったのは、中国の最後の王朝である清朝においても波斯国とまったく同様の「太子密建の法」なるものが行なわれていたことを、宮崎市定氏の「雍正帝」（全集第十四巻所収）によって知っていたからである。

雍正帝はそもそも父帝である康熙帝の三十五人の多きをかぞえた皇子の中の第四皇子であり、彼が皇太子に決定されるまでにはなみなみならぬ紆余曲折があった。そのような苦い経験にかんがみて、雍正帝は即位早々の雍正元年（一七二三）、諸皇子と大臣たちにこう申し渡したのであった。宮崎氏の文章をそのままに使わせていただくならば、つぎのように。

——朕はいま心の中でちゃんと後継者を定めている。しかしそれは誰にも発表しない。ただその名前を紙に書いてこの小筐の中へ納めておく。この小筐は表座敷にあたる乾清宮の玉座の正面に高く掛けられた、正大光明という字の額の後にのせて置く。・・・・朕にもしものことがあって、後嗣を口ずから指定する暇なく死んだ時には、諸皇子、大臣等は会同してこの小筐を開いて見よ。

その中に名の書かれてある者がすなわち皇位継承者であるぞ。

この「太子密建の法」は清朝の祖法として代々受け継がれたのだが、『魏書』が伝えている波斯国のならわしと何とよく似ていることか。それはまったくの偶然なのであろうか。それとも雍正帝は千年以上も昔の『魏書』の記事からヒントを得たのであったろうか。

ちなみに、乾清宮は北京においてもとりわけ威容を誇る故宮のほぼ中央に位置し、現在もそこには雍正帝の書にかかる「正大光明」という額がかかげられている。

（二〇〇七年九月十五日）

49　さまざまの「三楽」

人生の楽しみを三つにまとめて数える「三楽」という言葉がある。当然のことながら、立場の違いに応じて「三楽」の内容はそれぞれに異なるのだ。

たとえば『論語』季氏篇。そこには「益者三友、損者三友（よい友だちは三種類、悪い友だちは三種類）」とあるのに続いて、人間にとってプラスになる三楽とマイナスになる三楽とを「益者三楽、損者三楽」と表現し、「益者三楽」を「礼楽を節すること（文化を代表する礼楽に行動の節度を合致させること）」「人の善を道《い》うこと」「賢友の多きこと」と数え、「損者三楽」を「驕楽（傲慢）」「佚遊（安逸）」「宴楽（贅沢）」と数えている。

あるいはまた『孟子』尽心篇。「君子に三楽有るも天下に王たることは与《あずか》り存せず」、天下の王者となることは「三楽」とはまったく無縁、そのように切り出したうえで、「三楽」がつぎのように数えられている。「父母倶《とも》に存《いま》して兄弟にも故《こと》なきこと」、すなわち家族の無事が一楽、「仰いでは天に愧《は》じず、俯しては人に怍《は》じざること」、すなわち天から咎めだてされることもなく、誰からも後ろ指を指されることのない自己の道徳的完成が二楽、「天下の英才を得て之れを教育すること」、すなわち後進の教育が三楽。そして再度、「君子に三楽有るも天下に王たるは与り存せず」と繰り返し念がおされている。

それらさまざまの「三楽」の中でもとりわけ秀逸とすべきは、『列子』天瑞篇に登場する栄啓期《えいけいき》のそれではあるまいか。つぎのような話である。

孔子が泰山に旅をした時のこと、鹿の皮衣をはおり、縄の帯をしめ、琴をかきならしながら、曠野の中でいかにも楽しげに歌っている栄啓期を見かけた。「先生は何がまたそんなに楽しいのかね」。孔子がそう尋ねると、栄啓期は答えた。「わしの楽しみはとてもたくさんあるが、天が生んだ万物の中で人間こそが最も貴い。わしはその人間に生まれることができた。これが一楽である。人間には男女の別があり、男尊女卑のならわしでは男が貴いとされるが、わしはその男に生まれることができた。これが二楽である。人間の中にはお天道《てんと》さまも拝まずに赤ん坊のうちに死んでしまうやつがいるものだが、わしはすでに九十歳になる。これが三楽である。貧乏は男のさだめ、死は人生の終り。さだめに安んじ終りを全うできるなら、何をくよくよと思い悩むことがあろうか、というわけさ」。

このうち「男尊女卑」は当時の思想だが、ともあれ「三楽」をこのように数えあげた栄啓期に共感した者は少なくなかったようである。たとえば一九六〇年のこと、南京市の南の郊外の西善橋においておよそ千五百年前の墳墓の磚画《せんが》が発見されたのだが、そこには磚すなわち墓室を組むれんがに八人の人物像が刻まれていた。題記が示すように、嵆康《けいこう》、阮籍《げんせき》、山濤《さんとう》、王戎《おうじゅう》、阮咸《げんかん》、劉霊《りゅうれい》（すなわち劉伶）、向秀《しょうしゅう》、それに栄啓期の八人である。嵆康から向秀までの七人は、三世紀の魏晋の時代に存分に自己主張をして生きた自由人のグループ、すなわちいわゆる「竹林の七賢」である。

このように「竹林の七賢」をメーン・テーマとする磚画であるにもかかわらず、そこにただ一人の例外としてはるか昔の栄啓期が加えられているのは、「竹林の七賢」にとって栄啓期が好ましい人物として共感をよんだからに違いない。

たとえば「竹林の七賢」の中でもリーダー格の嵆康は、古来の高潔な人物百十九人の伝記を集成する『聖賢高士伝賛』に栄啓期を取り上げて『列子』天瑞篇と同じ話を記しているほか、文学作品の「琴の賦」にも、栄啓期を漢代の隠者の綺里季《きりき》とならべて、「世を遯《のが》れし士《おのこ》の栄（啓）期と綺（里）季の疇《ともがら》は、乃ち相い与《とも》に飛《たか》き梁《はし》に登り、幽《ひそ》める壑《たに》を越え・・・・」とうたっている。また阮籍も蔣済《しょうせい》なる人物からの出仕の誘いを断わる書状に、「昔、栄（啓）期は索《なわ》を帯にし、仲尼《ちゅうじ》（孔子）も其の三楽を易《あらた》めず」と述べている。

さて皆さんは何を三楽と数えられるのであろうか。


（二〇〇八年二月二十三日）

50 『牛棚雑憶』――「文革」の暗い記憶――

季羨《チーシエンリン》林氏の『牛棚《ぎゅうほう》雑憶手稿本』（中国言実出版社、二〇〇六年十二月刊）を読んだ。大型版の見開きの左ページには手書き原稿の写真が印刷され、右ページにはそれを活字に起こしたものが印刷されている。

季氏はすでに百歳に近いインド古典文学と仏教学の老大家である。一九一一年、あたかも辛亥革命の年に山東省清平県（現在の臨清市）に生まれた季氏は、清華大学西洋文学系を卒業後、三五年から四五年までドイツのゲッチンゲン大学に留学、ナチス政権の崩壊にともなって帰国すると、ただちに北京大学教授に就任した。散文作家、また詩人としての令名も高い。

『牛棚雑憶』を一読し終えた筆者の心は、今もなお暗くて重い気分に閉ざされたままである。書名に用いられている「牛棚」とは牛小屋のこと。本書には、「文革」すなわち「文化大革命」の時代に季氏の身を襲ったおぞましい体験、ダンテの『神曲』に描かれた地獄も仏教が説くところの地獄もまだまだ生易しいほどのおぞましい体験が生々しく語られているのだ。

文革が発動された当時、北京大学東語系（東方言語学部）の主任であった季氏の人生は、六七年十一月三十日をもって暗転した。その日の深夜、乱入した数人の紅衛兵によって家捜しを受け、「反革命分子」であるとの罪証をでっちあげるのに充分な数点の戦利品が押収されたのであった。

その日以後、季氏はまるで屠殺場に送り込まれる家畜のように審問の場に引き立てられ、耐えがたい罵声が浴びせかけられるのはもとよりのこと、ビンタや脚蹴り、その他さまざまのリンチが加えられた。しかもそれを行なうのは、往々にして東語系の学生たちであった。

季氏の肉体は傷つき、精神は麻痺し、いっそのこと自ら命を絶ってしまおうなどとの妄想にもかられたのであった。思いつかれた一つの方法はメタミドホスをのみ込むことであったという（余計なことながら、原文の「敵敵畏」がメタミドホスと呼ばれる毒性の強い殺虫剤であると知ったのは、中国製冷凍ギョーザ事件によって連日のごとくに報道されたニュースによってのこと）。そして六八年に至って、同じ境涯の仲間たちと牛棚に起居することを命じられる。

牛棚は北京大学構内の廃屋に設けられた、それこそ「牛棚」としか呼びようのない劣悪な居住空間であり、「労改大院」を正式名称（？）とするこの収容所の住民は牛馬のごとくに「労改（＝労働改造）」を名とする強制労働に駆り出されたのであった。

暗くて重い『牛棚雑憶』だが、それでもまったく救いがないわけではない。文革が次第に収束に向かうにつれて、季氏も六九年には自宅に戻ることを許される「半解放」の時を迎え、七〇年には「完全解放」となり、東語系の事務室と学生の寄宿舎とを兼ねた建物の守衛の職務を与えられる。

職務の内容は、建物に出入りする人間の監視、電話の取り次ぎ、新聞と郵便物の受け取り。ただそれだけの職務に時間を持て余した季氏は、なんと驚くべきことにインド古代の叙事詩『ラーマーヤナ』の翻訳を手がけることを思い立つ。実現はとてもかなうまいと思いながら、恐るおそる図書館員に依頼し、国際書店を介してインドに発注されたサンスクリット原典が、意外にも二カ月足らずして手元に届けられたのであった。それは、文革後数年間における「最大の慶事」であった。

かくして、前夜に自宅においてまず散文体に翻訳した紙片をポケットにしのばせ、それを翌日、守衛室でこっそり韻文に改める仕事が始められる。「完全解放」とはいえ、文革が正式に収束するのは七六年のこと。まだまだ人目をはばからずには行なえない仕事であった。

そして最大の救いとすべきは、今や完全に地位と名誉を回復された季氏が、過去の生活の「報復」のために本書を著わしたのではないことである。

中国の歴史において最も野蛮で残酷であった時代、その時代を生き抜いた者の貴重な経験を、「文革」と聞いても「海外の奇談」のようにしか思わない現代の青年たちに正確に伝え、中華民族にとって空前のものであった大災難がそれを最後として絶後のものとなり、あのような愚行が二度と繰り返されてはならぬとの熱い気持ちから本書は著わされているのである。

(「『牛棚雑憶』が語る「文革」の暗い記憶」二〇〇八年四月十五日)

51　玄奘も顔負けの法沖禅師の気骨

唐代の大旅行家であり、仏典の大翻訳家である玄奘《げんじょう》三蔵の名を知らぬ人はいないであろう。玄奘は小説の『西遊記』の主人公でもある。

貞観元年（六二七）、一説では貞観三年に都を出発し、貞観十九年（六四五）に帰国するまでのインド、西域に関する見聞の記録は『大唐西域記』にまとめられ、将来した経、律、論三蔵のテキストは合わせて六百五十七部、それらのうちの七十五部、千三百三十五巻は長安の弘福寺を訳場として翻訳された。

玄奘以前の翻訳は旧訳、玄奘の翻訳は新訳と呼んで区別するのが習わしである。貞観二十二年（六四八）、時の天子である唐の太宗が玄奘の新訳を顕彰すべく執筆した「大唐三蔵聖教序《しょうぎょうじょ》」は、その五年後の高宗の永徽四年（六五三）に褚遂良《ちょすいりょう》の書によって石に刻まれたものが西安の大雁塔に今日まで伝わる。また高宗の咸亨《かんこう》三年（六七二）に王羲之《おうぎし》の書蹟を集めて石に刻まれた「集字聖教序」も西安碑林に現存する。

玄奘の伝記は『続高僧伝』の訳経篇に存するのだが、ところで『続高僧伝』感通篇の法沖《ほうちゅう》の伝記には、玄奘が法沖に一本取られたつぎのような話が見える。

――三蔵の玄奘は旧訳の経典を講義することを許さなかった。法沖は言った。「君は旧訳の経典をたよりとして出家したはずだ。もし旧訳の経典を弘布することを許さないのであれば、君は還俗するがよい。あらためて新訳の経典をたよりとして出家するのならば、そのうえで君のそのような考えを認めてやろう」。玄奘はぐうの音も出なかった。

かく法沖は玄奘も顔負けの気骨のある人物であった。そのまだ若きころ、後に太宗のブレーンの一人となる房玄齢《ぼうげんれい》と相識となり、「二十歳代にして五品の官に登らなければ、仕官はやめて逸民となろう」と互いに約束し、二十四歳にして見事に従五品の鷹揚郎将《ようようろうじょう》となったものの、母親が亡くなり、『涅槃経《ねはんぎょう》』に「居家は迫迮《はくさく》、猶お牢獄の如し。一切の煩悩は之れに由って生ず（家庭生活は息が詰まりそう、まるで牢獄のようだ。あらゆる煩悩はそれから生まれるのだ）」（聖行品）、このようにあるのを読んで出家せんとの心を強く抱くに至った。

かくして安州（湖北省安陸）の暠《こう》法師のもとに赴いて三論や『般若経《はんにゃきょう》』や『楞伽経《りょうがきょう》』を学び、その後、各地を巡って修行を重ねる。そして冀州（河北省臨漳）にやって来た貞観（六二七―六四九）の初めのこと、私度僧は極刑に処するとの勅令が下ると、彼はかえって勅令を無視して剃髪し、出家せんとの素志をついに果たしたのである。私度僧とは王朝が公認せざる僧侶のことである。

その頃にはまたこんなこともあった。嶧陽山《えきようざん》（江蘇省邳州）には難を避けた逃亡僧が多く集まり、食糧が底を突いた。法沖は州の長官を相手にこう掛け合った。「もし死を免れぬ場合には、私が一切の責任をこの身に引きかぶる。僧侶に食糧を施すならば、きっと福祐が得られるであろう」。法沖の気迫に押された長官は法令を犯して救済することとし、そこで僧侶たちを二カ所に分け、それぞれに十斛《こく》ほどを蓄える米倉を設けた。一カ所の僧侶は四十余人、もっぱら大乗を学び、また禅業の修行に励む者たちであって、何年たっても食糧は減らなかった。もう一カ所の僧侶は五、六十人ほどであったが、わずか二、三日で食糧は尽きてしまった。彼らは禅業を修行せず、また外学を習ったからである。

この話からも察せられるように、法沖は達磨《ダルマ》に始まる禅の流れをくむ禅師なのであった。『続高僧伝』の撰者の道宣《どうせん》は、法沖伝の最後において、「命代の弘経護法強禦の士（何者をも恐れぬ世に名だたる弘経護法の人物）」と称賛し、またその行状を「一生、游道を務めと為し、曾《かつ》て栖泊する無し（生涯、遊行に励み、一カ所にとどまることは絶えてなかった）」と総括したうえ、「今の麟徳（六六四—六六五）に至って、年は七十九なり」と、まだその健在なことを伝えている。

（二〇〇八年八月二十一日）

52 大学者鄭玄の逸聞

鄭玄《じょうげん》といえば中国の後漢時代を代表する大学者である。後漢時代を代表するだけではない。旧中国を代表する大学者を二人挙げよと問われれば、まず疑いなくこの鄭玄、それに朱子学の名で有名な南宋の朱熹《しゅき》に指を屈するであろう。ちなみに、鄭玄が亡くなったのは西暦二〇〇年。朱子が亡くなったのはそれからちょうど千年後の一二〇〇年。偶然とはいえ面白いことである。

鄭玄が大学者の名に値するのはなぜなのか。何よりも彼が儒教の古典である五経のうちの『春秋』を除くすべての書物の注釈に筆を染めたからであり、『易経』『書経』の注釈は逸文が伝わるだけであるものの、『詩経』の注釈、それに『礼経』である三礼、すなわち『儀礼《ぎらい》』『周礼《しゅらい》』『礼記《らいき》』の注釈は完全なままで今日にまで伝わり、最も依拠すべき権威あるものとして脈々と生命を保ち続けている。

新しい年も始まったばかりのことだから、ここでは堅苦しい話はさておき、鄭玄先生にまつわる肩のこらないユーモラスな話を紹介することとしよう。五世紀の劉義慶《りゅうぎけい》が編纂した名士逸話集である『世説新語』に見える話である。

――鄭玄の家庭では奴婢（使用人の下男、下女）もそろって学問のたしなみがあった。ある時のこと、一人の下女に用事を言いつけたが、思い通りにやらぬため、鞭で打とうとした。相手がいろいろと抗弁を始めると、鄭玄はかんしゃく玉を破裂させ、泥の中に引き据えさせた。すぐにまたほかの一人の下女がその場にやって来て尋ねるのに、「胡為《なんす》れぞ泥の中にいん（泥の中にいるのはどうしてなの）」。すると、こう答えた。「薄《いささ》か言《ここ》に往きて愬《うった》えたれば、彼の怒りに逢いぬ（不平を述べ立てたところ、ご主人さんにかんかんに怒られました）」。

「胡為れぞ泥の中にいん」は『詩経』の邶風《はいふう》「式微《しきび》」篇の句。「薄か言に往きて愬えたれば、彼の怒りに逢いぬ」は同じく邶風「柏舟《はくしゅう》」篇の句なのである。

この話は『世説新語』に見えるだけで、『後漢書』の鄭玄伝にはもとより見えず、小説家言とすべきものであろう。

もっとも、近人の余嘉錫《ユイチアシー》氏（一八八四—一九五五）は『世説新語箋疏』において、「子政の童奴（下男）は皆な左氏を吟じ、劉琰《りゅうえん》の侍婢（下女）は悉く霊光を誦した」という例もあるのだから、一概に虚談として退けるべきではなく、一佳話としてそのまま留めてもよいのではなかろうかと論じている。子政とは、前漢のやはり大学者であった劉向《りゅうきょう》の字《あざな》。左氏は『春秋』経の一つである『左伝』である。後漢の王充の『論衡』、その案書篇に「劉子政は左氏を玩弄し、童僕妻子は皆な之を呻吟す（その一節をうなる）」とある。また劉琰は三国の蜀の人。霊光は後漢の王逸《おういつ》の文学作品である「魯の霊光殿の賦」。『三国志』の劉琰伝に「侍婢数十、皆な能く声楽を為し、又た悉く教えて魯の霊光殿の賦を誦読せしむ」とある。

ともかく『世説新語』の話は充分にユーモラスだが、それよりも一層秀逸なのは、「鄭玄の家の牛は牆《しょう》に触れて八の字を成す（鄭玄の家で飼われている牛が壁にぶちあたると「八」の字ができあがる）」、そのような俚言さえあったということだ。唐の詩人として有名な白居易の「双鸚鵡《そうおうむ》（つがいの鸚鵡）」と題する作品に、「鄭牛の字を識《し》ること吾は常に歎ず」の句があり、その自注に「諺に云わく」としてこの俚言が引かれているのである。それにしても、どうして「八」の字なのか。種あかしをするにも及ぶまいが、牛の頭には逆「八」の字型で角がのっかっているからだ。

（二〇〇九年一月二十七日）

53 仙人にも貧富貴賤 道教的な〝天界〟観

四世紀の初め、中国の東晋時代に葛洪《かっこう》が著わした神仙道教に関する書物である『抱朴子』。その対俗篇につぎの記事がある。

――先師から聞いたところでは、仙人が天界に昇るか、それとも地上の世界にとどまるか、大切なのはいずれにしても長生不死という点に存するのであって、去るかとどまるかは各人の好むところに従うのであるとのこと。

また丹薬や金液を服用する方法についても、ひとまずこの世にそのままとどまりたいと思う者は、ただ半剤だけを服用して残りの半剤は大事に取っておき、もしその後になって天界に昇りたくなったならば、すべてを服用する。

不死であることはすでに確定しているのだから、ぽっくり死ぬ恐れはない。しばらく地上の世界に遊ぼうが、名山に入ろうが、何を心配することがあろうか。

『抱朴子』と同じく葛洪の撰著とされる『神仙伝』には、ここに述べられているように、天界に昇ることを望まず、むしろわざと仙薬の半量だけを服用して地上の世界にとどまった仙人のいたことが伝えられている。

たとえば馬鳴生《ばめいせい》は「天に昇ることを楽《ねが》わず、但だ半剤を服して地仙（地上世界の仙人）と為る」。また、馬鳴生の弟子の陰長生《いんちょうせい》は「丹を合する（丹薬を調合する）も但だ其の半ばを服し、即《ただ》ちには天に昇らず」。

神仙道修行者にとって最高の理想であり、至福の世界であるはずの天界。そうであるにもかかわらず、そこに昇ることをためらう者がいるのはなぜなのであろうか。そのように考える時、『抱朴子』の右の記事に続いて紹介されている彭祖《ほうそ》の言葉が面白い。彭祖は『論語』述而篇の冒頭に「窃《ひそ》かに我を老彭に比す」とあるのについて、二世紀の鄭玄《じょうげん》が「老とは老聃、彭とは彭祖」（『経典釈文』の引用）と注し、また六世紀の皇侃《おうがん》が「老彭とは彭祖なり。年は八百歳、故に老彭と曰うなり」（『論語義疏』の説）と注しているように、『論語』に登場する人物に比擬されることもあるのだが、それはともかくとして、彭祖はつぎのように語ったというのである。

——天上世界には高官や偉大な神々がたくさんおられ、新米の仙人は位が低く、お仕えしなければならない相手は一人ではすまない。苦労が多いばっかりだ。それで天に昇ることにあくせくせず、人間の世界に八百年余りとどまったのである。

つまり、天界にも地上の世界をそのままに投影したような官僚組織が厳然として存在し、新米の仙人は上級の仙人にぺこぺこと頭を下げて仕えなければならず、必ずしも住みやすいところではないというわけだ。

『抱朴子』はその祛惑《きょわく》篇にも、蔡誕《さいたん》なる人物が彭祖と同様につぎのように語ったという話を伝えている。「わしはまだ天に昇ることができず、ただ地仙となっている。それに仙人になったばかりで位は低く、先輩の仙人たちに奉仕しなければならない」。

ところで、天界にもヒエラルキーが存在するというのは、何も道教だけで言われたことではなかったようである。というのも、三世紀の康僧会《こうそうえ》の漢訳にかかる仏典の『六度集経』につぎのような一段が見いだされるからだ。「たとい天に昇ったとしても、天にも貧富貴賤があり、寿命を延ばしたとしても、福が尽きると罪が身を襲い、太山や餓鬼や畜生の境涯に落ちこむことになる」（巻三）。

ここに太山とあるのは地獄のこと。つまり、あらゆる有情の存在は涅槃に入らぬ限り、地獄、餓鬼、畜生、人、天の五道を輪廻し続けなければならぬという仏教の教理に基づいてこのように言われているのだが、「若《も》し其れ天に昇るとも、天にも亦た貧富貴賤有り」とある一句はそもそも原テキストの忠実な翻訳であったのであろうか。それとも道教的発想の影響のもとに康僧会が付け加えたものであったのであろうか。

（二〇〇九年五月二十六日）

54 隠者に厳しい時代

最近、『後漢書』逸民伝に始まり、『晋書』隠逸伝、『宋書』隠逸伝、『南斉書』高逸伝、『梁書』処士伝等々、中国の正史に設けられた隠者の列伝を少し丹念に読んでいる。それらの中で、鮮卑族が建てた王朝であり、四世紀後半から六世紀前半にかけての華北を支配した北魏の歴史をつづる『魏書』、その『魏書』の逸士伝はいささか異例であるように思われる。『魏書』逸士伝はすでに失われ、『北史』隠逸伝によって補われたものであるとはいえ、やはり異例であるように思えてならない。

異例であるというのは、何よりもそこに立伝されている人物が極めて少ないことだ。眭夸《すいこ》、馮亮《ふうりょう》、李謐《りひつ》、鄭脩《ていしゅう》のたったの四人が立伝されているだけであり、しかも最も長文の李謐伝の大半は、隠者としての行状とはおよそ無縁の「明堂制度論」で占められているのである。明堂とは古代の帝王が政令を施行し、祭祀を行なうために設けられた建築物だ。

『魏書』の逸士伝に立伝されている人物がかくも少ないのはなぜなのか。北魏時代に隠者とされた人物が少ないのはなぜなのであろう。そのように考えてみる時、眭夸伝の記事が一つのヒントを与えてくれる。

北魏第三代皇帝の太武帝を補佐する大官の崔浩《さいこう》と若き日に親しく付き合ったことのある眭夸は、しつこい求めを断り切れず、趙郡高邑（河北省高邑）からひとまず都の平城（山西省大同）に赴いて崔浩と面会した。だが、崔浩が官僚に任命する詔書を無理やり懐にねじ込もうとすると、仕官する意思のまったくない眭夸は、それを限りにさっさと引き揚げてしまう。ところが「朝法は甚だ峻《きび》しく」、すなわち王朝の法制はとても厳しく、そのため眭夸には「私帰の咎め（詔書を無視して勝手に引き揚げてしまったことに対するお咎め）」が下されそうになったという。世俗との縁を絶つ隠者として生きようとする者にとっては、すこぶる居心地の悪い時代であったようである。

そしてまた『顔氏家訓』終制篇にもつぎの一文が見いだされる。「北方の政教は厳切、全く隠退する者無し（華北の政治教化はとても厳しく、隠棲する者はまったくいない）」。『顔氏家訓』の著者の顔之推（五三一―五九〇?）は、江南の梁に生を受けたものの、五五四年、梁の元帝政権が崩壊すると華北に拉致され、北魏を継いだ北斉、北斉を滅ぼした北周、そしてさらに北周を継いだ隋と、仕える王朝を転々と変えなければならない数奇な運命に翻弄された。右の一文にはそのような人生経験に基づく感慨が込められているのである。

顔之推の言うところを裏書きするかのように、北斉の歴史をつづる『北斉書』にも、北周の歴史をつづる『周書』にも隠者の列伝は設けられてはいないし、『隋書』の隠逸伝に立伝されているのは、『魏書』逸士伝とほとんど変わらぬたったの五人にしか過ぎない。

『魏書』逸士伝には、その序にも注目すべきつぎの叙述がある。

——昔、夷斉《いせい》は周武に全きを獲《え》、華矞《かいつ》は太公に容《い》れられざるは何ぞや。其の心を求むる者は許すに激貪の用を以てし、其の跡を督する者は以て束教の風と為す。

夷斉とは周の武王の武力革命に抗議して首陽山に隠れた伯夷《はくい》と叔斉《しゅくせい》の兄弟であって、中国の隠者の代表格。華矞とは華士《かし》と狂矞《きょういつ》の二人の隠者であるが、斉の始封者となった太公望呂尚によって殺害された。

伯夷と叔斉は周の武王によって命を奪われることはなく、華士と狂矞が殺されたのはなぜなのか。そのように設問したうえ、周の武王は隠者たちの清潔な生き方に「激貪の用」、すなわち競争社会の貪欲な風潮にショックを与える効果のあることを認め、一方の太公望は隠者たちが世俗に背を向ける存在であるが故に、礼教による引き締めを図って彼らを殺害したというのである。

おおむねの正史は、隠者の生き方を絶賛することに終始し、隠者を殺害するのはもってのほかのこととしているのだが、見られるように『魏書』逸士伝の序はいささか論調を異にし、太公望にも一定の評価が与えられているのである。それというのも、華北では「朝法は甚だ峻しく」「政教は厳切」であったことによるのに違いない。

（二〇〇九年八月四日）

〈補記〉この文章、もとより執筆者名抜きではあるが、池田恭哉氏の『南北朝時代の士大夫と社会』（研文出版、二〇一八年刊）第五章「北朝における隠逸」につぎのごとく引証されている。「『中外日報』社説「隠者に厳しい時代」がすでに言及するように、為政者が隠者の行動を風教による引き締めとして督責することを容認する発想は、他の正史における隠逸者のための伝の序には見られず、実に異例中の異例と言えるのである」。

55　『沙石集』と『高僧伝』

昨年（二〇〇八年）の十二月に逝去された加藤周一氏の『日本文学史序説』を「再び転換期」と題された第四章まで読み進んで、鎌倉時代の大円国師無住《むじゅう》が編んだ説話集の『沙石集《しゃせきしゅう》』に、ブラック・ユーモアと称すべき話のあることを知った。加藤氏の要約に従ってその話のあらすじを紹介するならば、

――「無智ナリケレドモ、道心アル僧」が、世を厭い、頸をくくって往生しようと思い、道場にこもるという話もある。忽ち評判になり、都の名僧が来て念仏し、京都中の道俗男女が集って、拝む。ところが当人は、その間に気が変って死にたくなくなる。初は勇猛だったが、「此程ハ心モユルクシテ、イソギ死ナバヤトモオボエズ」と言い出し、京都からそのために出てきた連中は、それでは満足しない。「コレホドニノシリ披露シテ、時モ日モ定マリタル事ヲ」実行してもらわなくてはこまる、という。その事の成りゆきに押されて、当人は「心ナラズ」も頸をくくって死ぬ。

『沙石集』の巻第四に、「近比《ちかごろ》、小原《おはら》に上人ありけり。無智なりけれども、道心の僧にて、かかる浮

世に、長らへてもよしなく思ひければ」と書き始められている一段である。小原は大原と記すテキストもあって、どうやら京都北郊の大原三千院のことらしいが、それはともかく、これを読んですぐに思い浮かんだのは、中国六世紀の梁の慧皎《えこう》の撰述にかかる『高僧伝』の亡身篇であった。

『高僧伝』亡身篇には焼身を行なった数人の沙門の伝記が集められているのであり、たとえば四世紀の後秦時代の法羽《ほうう》は、香油を服用したうえ、布で体をぐるぐる巻きにし、捨身品《しゃしんぼん》を誦え終ると、火で自分の体を焼いたという。捨身品とは『法華経』の薬王菩薩《やくおうぼさつ》本事品のことであり、薬王菩薩は一切《いっさい》衆生喜見菩薩《しゅじょうきけんぼさつ》であった前世において、「我は神力を以て仏を供養すと雖も、身を以て供養するに如《し》かず」、このように念言し、焼身を行なったことが述べられている。

『高僧伝』亡身篇は、焼身を行なった数人の沙門の事蹟を伝え、それぞれ個々の伝記では彼らの行為が称賛されているように見うけられる。たとえば五世紀の宋の慧紹《えしょう》が焼身を行なった場所には、三日して梧桐《ごどう》が生えたという。梧桐とは青桐のことだが、鳳凰は梧桐だけにしか棲まぬといわれるように、純潔なイメージの樹木である。

とはいえ、慧皎は手放しで焼身に賛成しているわけではない。亡身篇の末尾にそえた論において、彼はつぎのように述べているからだ。

――凡夫の徒となると、物事を見通す力はたかが知れており、一生かけて行道につとめることが肉体と生命を棄捨することに比べてどうなのかがまったく分かってはいない。

それにもかかわらず焼身を行なう者がいるのは、「一時の世の中に名誉を求めようと思い、あるいは万代に名声を流そうと思うからだ」。だがところが、と慧皎は言う。

——だがところが、いざ火に臨み薪に身を任そうとするその時になって、後悔と恐怖の念にこもごも襲われるのだが、前宣伝が広く行なわれているので、節義が台なしになってしまうことを恥ずかしく思い、それで無理をして実行に踏み切り、計り知れぬ苦しみをむざむざと味わうのである。

慧皎がこのように述べているのは、「心ナラズ」も頸をくくって命果てたと『沙石集』が伝えている上人の話とよく似てはいないだろうか。『高僧伝』亡身篇の論が一般論として述べられているのに対して、『沙石集』の話はリアルであり、リアルであるだけに一層残酷ではあるけれども、無住の読書の中に『高僧伝』があったのではあるまいか。そして亡身篇にそえられた論の文章を知っていたのではあるまいか。そのような想像をめぐらしてみたくなるのだが、どうであろうか。

（二〇〇九年十一月二十六日）

56　孝子と忠臣

『南斉書』と『南史』の孝義伝に、崔懐順《さいかいじゅん》なる人物に関するつぎのような話がある。崔懐順の父の崔邪利《さいじゃり》は南朝宋の魯郡太守であったが、五世紀の中頃のこと、北朝の北魏の捕虜となり、北中国に拉致された。懐順は悲しみのあまり、最愛の妻を離縁し、官僚としての地位をも捨て、喪に服するのと同じようにして日を過ごした。いつしか北魏王朝に官僚として仕えることとなった父親から、そんなにまで悲嘆に暮れるではないとの書簡が国境を越えて届けられてきたものの、それはかえって懐順の悲しみを一層増すだけのことであった。

ところで、懐順の大叔父である崔模《さいぼ》も北魏に拉致されたのだが、崔模の息子たちは懐順のように妻を離縁するわけでもなく、宋王朝に仕える官僚としての地位を捨てるわけでもなかった。

その後、宋の大明年間（四五七—四六四）になって、懐順たちの一族の崔元孫《さいげんそん》が宋王朝から北魏王朝に派遣される使節に選ばれ、北魏の人物からつぎのような質問を受けた。「崔邪利と崔模の二人は共にあえなくもわが王朝に投降することとなった。ところが、二人の息子の世に処し方がまるで異なるのは、一体どうしたわけなのか」。

このような質問に、崔元孫はこう答えた。「王尊《おうそん》は驥《はやうま》を駆り、王陽《おうよう》は車を回《めぐ》らす。忠と孝と並びに弘め、臣と子と両《ふた》つながら遂げしめんと欲す」。崔元孫がこのように答えたのは、『漢書』王尊伝に見える故事に基づいてのことである。

前漢時代のこと、益州刺史となった王陽は、州内の巡察に出かけて厳道県（四川省滎経）の九折阪に差し掛かると、そのたびに「先人の遺体を奉ず、奈何《いかん》ぞ数《しばし》ば此の険に乗《のぼ》らんや」と嘆息して車を返した。九折阪は、その名の通り、つづら折りの急坂であって、両親から頂いた大切なこの体、こんな険所においそれと登れるものか、というのだ。「身体髪膚、之れを父母に受く。敢えて毀傷せざるは孝の始めなり（肉体と髪の毛、皮膚は父母からの賜りもの。それを傷つけまいとするのが孝のそもそもの出発点である）」とは『孝経』の開巻冒頭に置かれている言葉である。

だが王陽の後任の益州刺史となった王尊は、九折阪にやって来ると、「これが王陽どのが畏れた道か」と尋ね、部下が「そうです」と答えると、馭者にこうハッパを掛けた。「馬に鞭を入れろ。王陽は孝子、王尊は忠臣だ」。わしは王朝の官僚として職務に精励する忠臣、忠ならんと欲すれば孝ならず、というわけである。

崔元孫はこのような故事に基づいて、崔模の息子は忠臣、一方の崔懐順は孝子、わが崔氏の一族には忠のモラルを実践する若者と孝のモラルを実践する若者の両者が存在するのだと答えたのだが、これにはまだ後日談がある。

ほどなく、崔氏一族の出身地である清河郡東武城県（山東省武城）が北魏の領土に帰すと、崔懐順ははるばる北魏の都の平城（山西省大同）まで父親を訪ねに出掛けたものの、父親はすでに死亡しており、柩を車に載せて故郷に引き揚げた。その道中、「氷雪を徒跣し、土気は寒酷なるも、手足は傷つかず」、ために人々は「孝感」、すなわち彼の孝心が天に通じたのだとたたえたという。

ところで一方の崔模一族について、北魏の歴史をつづる正史の『魏書』は崔模の伝を設け、そこにつぎのような話を伝えている。崔模にはそもそも妻の張氏との間に沖智《ちゅうち》と季柔《きじゅう》の二人の息子があった。ところが北魏に拉致された崔模は、天子から新たに妻の金氏を与えられ、息子の幼度《ようど》が生まれる。沖智兄弟が無理をして集めた資金を密使に託し、どうにかして父親を連れ戻そうと画策したところ、母親の張氏は冷たく言った。「お前たちのお父さんは思い切りの悪いお人、そんなことをしても無駄ですよ」。果たして張氏の言った通り、金氏と幼度を捨てるのに忍びない崔模は南に戻ることを肯んじなかった。

（二〇一〇年一月二十六日）

57　受験シーズンに想う

大学進学を目指す若者たちには、一月十六日と十七日に実施された大学入試センター試験に始まって、ここしばらくは苦難の日々が続くのであろう。少子化にともなう現象として、受験者全員が大学に入学できる時代の到来などと言われはするものの、志望する大学に入学するための苦難は、依然として並大抵のものではあるまい。

ここで想起されるのは、中国の歴代王朝の主導の下に、前世紀の一九〇四年に至るまで連綿として実施された高等文官試験の科挙のことである。建前として、科挙は万民に開かれた制度ではあったけれども、それに合格するためには激烈な競争を勝ち抜かなければならなかった。

七世紀初の隋の時代に始まった科挙は、つぎの唐代に至ってようやく軌道に乗り始め、幾つかの科目に分かれる中で最も人気が高く、それだけに難関であったのは、詩や賦などの文学作品の制作の能力を問うことを主眼とする進士科であった。進士科に次ぐのは、「経義」すなわち儒教の古典である経書の意味を問うところの明経科だったが、明経科の人気は進士科に遠く及ばなかった。

そのため、つぎのような諺が行なわれもした。「三十の老明経、五十の少進士（三十歳の明経及第者はもう老人、五十歳の進士及第者はまだ青年）」。「香を焚いて進士を礼し、幕を設けて明経を試す（焼香して進士志望者を丁重に遇し、テント張りの中で明経志望者を試験する）」。

白楽天《はくらくてん》の文学の盟友として知られる元稹《げんしん》は、貞元九年（七九三）の明経科の試験に首席で合格し、意気揚々と詩人の李賀《りが》のもとを訪れたものの、「明経科の及第者のごときが、どうして李賀先生に面会にやって来たのだ」、そのように取りつぎの門番から冷たくあしらわれ、門前払いを食らわされたという話もある。

ところで明経科の試験は、帖文《ちょうぶん》と問義と時務策をその内容とした。時事問題に当たる時務策はともかくとして、帖経とも呼ばれる帖文はおよそ児戯に類する試験方法であった。「帖」とは付箋のこと。すなわち経書のある一行だけを受験生に示し、その一行のうちの「帖」を張って隠した三文字を口頭で答えさせたのである。幼稚で愚にもつかぬ穴埋め問題、というほかはない。

また問義は合わせて十問。問義とはそもそも経書の大義を問うということなのだが、しかしそのような大理想からはほど遠く、十問のうちの五問には注の文句を丸写しすることが、五問には疏の文句を丸写しすることが求められたのであった。注とは経書に施された第一次注釈、疏とは注を敷衍した第二次注釈であって、どちらも標準とすべきテキストがいわば国定教科書として定められていたのである。

このような試験の方法に異議を唱える者がいなかったわけではない。たとえば九世紀のごく初期、唐の徳宗時代の人である柳冕《りゅうべん》は科挙試験の総責任者である権徳輿《けんとくよ》につぎのように進言した。経書の注と疏を頭に詰め込んでいるだけの人間は「小人の儒（つまらぬ学者）」であり、「章句の儒（文字づらだけに拘泥する学者）」にしか過ぎない。今後は、経書の本義に明るく、儒教の道に合致した「君子の儒」、そのような人物を選抜することを明経科の試験の第一要件とされるように、と。

しかしながら権徳輿は、「明経者は仕進の多数なり」、すなわち明経科には受験生が殺到し、その合否を決めるのは大変な手間であると述べたうえで、「注疏なる者は猶お以て質験す可きなり。不《しか》らざれば儻《ある》いは有司は情に率《したが》いて其の手を下上せん」と回答した。注と疏についての知識によって学力を試すことはやはり可能であり、もしその方法によらなければ、担当の試験官は自分の考えに基づいて成績判定を行なうであろう。つまり従来の方法によってこそ客観性が担保されるのであり、さもなければ試験官の主観に左右されることとなるであろうというわけである。

論述形式の出題が敬遠され、暗記力を試すことが主眼とされがちな現在の大学入試。驚くべきことにそれと同様の事柄が、主観を排除し、客観性を担保するという大義名分の下に、千年以上も昔の中国においてすでに行なわれていたのであった。

（二〇一〇年二月六日）

58　玄宗皇帝と道教

八世紀の中国を半世紀近くにわたって統治した唐の玄宗。白楽天《はくらくてん》の「長恨歌」に楊貴妃との悲恋をうたわれている玄宗は、「御極（在位）多年にして、長生軽挙の術を尚《たっと》ぶ」と『旧唐書《くとうじょ》』礼儀志が評しているように、すこぶる道教に入れ揚げた天子であった。「長生軽挙の術」とは、永遠の生を生きる神仙となるための道術。道教はそのような神仙を神々に仰ぐ宗教であり、道教徒の最高の理想は自らが神仙の列に加わることであった。「長恨歌」にも仙界の影が揺曳《ようえい》する。

玄宗の治政を評して、唐末五代の道士である杜光庭《とこうてい》は、「開元、天宝の間、四海は昇平なること三十余載。神仙は賛助し、賢良は朝に在り、而して心を大道に冥し、庶政に憂勤す」（『道教霊験記』巻一四「玄宗拝黄素文験」）とまで称揚している。開元（七一三—七四一）、天宝（七四二—七五六）を年号とした玄宗の時代、三十余年にわたって天下が平和であったのは、神仙の加護があり、優れた人物が朝臣としてひかえ、かくして玄宗は道教の真理に心を冥合させ、万般の政務に腐心し精励したからだ、というのである。

しかしながら、玄宗が道教一辺倒となったのはその治政の半ば以後のことであり、それ以前においては、道教に対してむしろ抑制的な態度を持していたように思われる。『資治通鑑』は、開元二十二年（七三四）条に玄宗のお覚えめでたかった神仙家の張果《ちょうか》の神異の事蹟を述べたうえ、「上（天子）は是れに由《よ》って頗る神仙を信ず」と記しているのだが、そこの胡三省《こさんせい》の注につぎのようにある。

「明皇（玄宗）は集仙を改めて集賢殿と為す。是れ其の初めは心に神仙を信ぜざるなり。是こに至って則ち頗る信じ、又た晩年に至って則ち深く信ぜり」。集賢殿はアカデミーの建物。従来は集仙殿と呼ばれていたのを、神仙の「仙」の字を嫌って集賢殿と改名したのは開元十三年（七二五）のことであった。ところがその後、開元二十二年を境として、玄宗は従来とは異なって神仙を「頗る信じ」るようになり、とりわけ天宝の時代になって「深く信じ」るに至ったというのである。事実、開元から天宝と世が改まると、玄宗が日常の生活を営む興慶宮の大同殿には神仙の神像が祭られ、玄宗は払暁から勤行に励んだ。また洛陽東南の嵩山に道士と宦官が遣わされ、不老長生の薬剤を得るための錬丹が行なわれもした。

ところがそのような折も折、突如として勃発した安禄山《あんろくざん》の乱のために、玄宗は都の長安（陝西省西安）から成都（四川省成都）に難を避けざるを得ず、楊貴妃もその道中の馬嵬坡《ばかいは》（陝西省興平）において命果てる。息子の粛宗が霊武（寧夏回族自治区霊武）で即位したのにともなって上皇の位に退いた玄宗が再び長安に戻ることを得たのは至徳二載（七五七）十二月のことであった。

こうした玄宗の最晩年に属する「通微道訣碑」（『金石萃編』巻九一）なるものが存在する。乾元二年（七五九）の六月二十五日、上皇玄宗が大同殿で口授した言葉を石に刻み、粛宗が道士の楊重鑾《ようじゅうわん》に命じて長安北方の三原県の道観の大化観に立てさせた碑文であるが、そこには天宝時代の熱狂的な態度とはおよそ打って変わって、玄宗の鎮静化した道教信仰が吐露されている。

すなわち、「不義の財を積んで以て布施と為す」ことは誤りであるとしたうえ、つぎのように述べているのだ。「施（布施）は福（ご利益）を求むること勿《な》くして福は自《おの》ずから至り、斎（斎会）は功（功徳）を貪ること勿くして功は自ずから備わり、心は邪に向かうこと勿くして道は自ずから致《まね》かる」、そのようでなければならぬと。

ご利益を目的とせざる布施、功徳を貪ることなき斎会、それに邪悪に向かうことなき心。これら三者の重要なことが強調されているのであって、いわば「施して福を求め」「斎して功を貪った」とところのかつての道教信仰が、玄宗自らによって見事に一蹴されているとしなければならない。

玄宗にとって、安禄山の乱以後に経験した苦難の数年は、深刻な自省を促すに足る充分な時間であったのであろうか。

（二〇一〇年四月一日）

59　著書を古井戸へ

上田秋成の『胆大小心録』。かねてから書名だけは知っていたものの、岩波文庫の一冊としてリクエスト復刊されたのを機に初めて読むことを得た。

皮肉たっぷりの世相批判や史論・政論・文学論、あるいはまた自己の閲歴が語られている中で、つぎの一文に巡り合った。「去秋ふと思ひ立て、蔵書の外にも著書あまた有しを、ともに五くゝりばかり、庵中の古井えどんぶりことして、心すゞしく成たり」。そしてそのことから、話は鄭所南《ていしょなん》の『心史』のことに及ぶ。

「宋の亡ぶる時、鄭所南と云し人、大にかなしびて、宅を去とて、寺院に入て葷《なまぐさ》をくらわず、北にむかひて拝せず、又一是居士の伝といふ物をかきて心をやりし也。又心史といふを書て、石函にをさめ、古井に落して、其井をうづめて曰、後世是が出んとき太平なるべしとぞ。其心史が明の崇禎の末に又出て人しりたりとぞ」。

鄭所南、一名は思肖《ししょう》は、十三世紀の後半、南宋王朝がモンゴル族の元王朝によって亡ぼされる時代に際会するや、ここに語られているように、あくまで南宋を是とし、北面して元には仕えざる心情を述べる「一是居士伝《いちぜこじでん》」を著わした。庚辰九月、すなわち元の世祖フビライの至元十七年（一二八〇）の九月に著わされたこの文章は、「一是居士は大宋の人なり。宋に生まれ、宋に長となり、宋に死す。今、天下の人悉く以て趙氏の天下に非ずと為すは、愚なるかな」、このように書き起こされている。趙は宋の王室の姓である。

鄭所南はまた自分の著作のすべてを『心史』と名づけたうえ、これが再び世に現われる時には天下太平であれかしとの願いのもとに古井戸に投げ込んだ。そしてそれからおよそ三百五十年が経過した明の崇禎十一年（一六三八）の冬、蘇州の承天寺の古井戸の中から『心史』は発見される。『胆大小心録』には「石函にをさめ」とあるけれども、実は鉄の函に収められていたために『鉄函心史』と呼ばれるのだが、その外側の封題には「大宋の孤臣鄭思肖、百拝して封す」と書され、内側の封題には「大宋世界無窮無極」「大宋鉄函経」「徳祐九年、仏生日に封す」と三行にわたって書されていたという。徳祐は南宋の末帝の恭帝の年号であり、徳祐九年は元の至元二十年（一二八三）に当たる。

ところで『鉄函心史』が井戸の中から発見された崇禎十一年、鄭所南の願いとは裏腹に、明王朝は太平どころかすでに気息奄々たる状態であり、やがて間もなく満洲族の清王朝によって亡ぼされる。異民族王朝である清の時代において、異民族王朝の元に対する抵抗の精神で貫かれているところの『心史』に対するあつかいは極めて微妙であり、冷淡であった。たとえば『四庫提要』は存目にその解題を伝えているに過ぎない。

『四庫提要』のフルネームは『四庫全書総目提要』。清の乾隆帝の事業として、天下から集めた書物を経・史・子・集の四部に分類のうえ、書庫に収め、それらに施した解題が『四庫提要』であるが、書庫には収めずにただ目録だけを残したのが存目であって、その存目の解題は、明末に発見された『心史』を偽作とする立場に立つ。

しかるに前世紀の余嘉錫《ユイチアシー》氏が『四庫提要』の誤りを正すべく著わした『四庫提要弁証』は『心史』を真作と見なし、桑原隲蔵《くわばらじつぞう》氏の『蒲寿庚《ほじゅこう》の事蹟』を真作説の有力な援軍としている。桑原氏は内藤湖南と共に京都大学の東洋史学の創始者。『蒲寿庚の事蹟』は氏の代表作であり、蒲寿庚はあたかも鄭所南と同時期の南宋末、アラブ出身でありながら泉州における海外貿易の事務を管理する役所の長官を務めた人物であった。

実は『心史』の「大義略叙」と題された一文に、蒲寿庚は「蒲受畊（耕）」の表記で登場し、『四庫提要』はこうした表記の違いを偽作説の一証とするのだが、桑原氏は音通による表記の違いと断じたうえ、『心史』の記事が信憑するに足ることを論じているのである。

かくもさまざまに取り沙汰される『心史』。自分の著書を「古井えどんぶりこ」としたこととの引き合いとして『心史』を持ち出した上田秋成は、その一条を「さらば翁の無益の物も、心史も、こゝに置て同談也」と結んでいる。いささかの皮肉な口吻が感じられなくはない。ただし、鄭所南にとって『心史』は決して「無益の物」ではなかったはずである。

（二〇一〇年七月十三日）

60　侯外廬氏追想

最近の読書とした林田愼之助氏の『六朝の文学　覚書』（創文社、二〇一〇年七月刊）。『『世説新語』の清議と清談』と題された第十章に、二世紀の中国後漢時代の名士であった郭泰《かくたい》が郷里に帰る際、やはり名士の李膺《りよう》と二人して同じ舟で黄河を渡ったところ、それを見た人々がまるで「神仙」のようだと思ったという話を引いたうえ、つぎのように述べられている。「これは『後漢書』郭太（泰）伝の記事であるが、見送りにきた知識人たちが、二人の姿を聖人とみずに、神仙にみたてたところに、侯外廬の『中国思想通史』は思想史上の大きな変化を読みとっている」。

侯外廬《ホウワイルー》氏の『中国思想通史』全四巻はかつて通読したことがあるが、当該の文章は記憶にない。久しぶりに書架から取り出してページを繰ってみたところ、「両漢思想」と副題された第二巻（人民出版社、一九五七年四月刊）の第十章「漢末統治階級の内訌と清議思想」にその文章は見いだされた。ただし侯氏の論述は林田氏の紹介の以上でもなく以下でもなく、郭泰と李膺の二人が神仙に見たてられたことが思想史上の大きな変化を意味することについての詳しい説明はない。

忖度するならば、二人が神仙に見たてられたことに、儒教一辺倒であった漢代とは異なって、道教の神々である神仙を理想とする新たな時代の胎動が認められるとするのであろうか。漢代に続く三世紀以後の魏晋の時代ともなると、神仙に見たてることは第一級の形容としてかなり普遍化したようであって、魏晋時代の名士の逸話集である『世説新語』に「神仙中の人（神仙世界の人間）」という評語がつぎの二条に見える。

――王右軍《おうゆうぐん》は杜弘治《とこうち》に会ってこう感嘆した。「顔は凝脂《ぎょうし》のよう、眼はぽっちりと漆を点じたようだ。これは神仙中の人だ」。（容止篇）

王右軍は書聖と称される王羲之《おうぎし》。杜弘治は美男として知られた杜乂《とがい》。凝脂とは真っ白に固まった脂肪。白楽天《はくらくてん》の「長恨歌」にも、楊貴妃のなまめかしい肌の美しさが「温泉の水は滑《なめら》かにして凝脂に洗《そそ》ぐ」とうたわれている。

――孟昶《もうちょう》は・・・・王恭《おうきょう》が高い輿《こし》に乗り、鶴の羽で織ったマントを被《はお》っているのを見かけたことがあった。その時、粉雪がちらつき、昶は籬《まがき》の隙間から垣間見て、「これぞまがうことなき神仙中の人だ」と感嘆した。（企羨篇）

それはそれとして、侯外廬氏の名は懐かしい。前世紀の著名な学者であった侯外廬氏（一九〇三―八七）を懐かしいというのもおこがましいが、一九六三年に十人からなる中国学術代表団の一員として来日された氏の京都における講演会や討論会に参加した記憶がよみがえるからだ。記録によると、当時の氏の肩書は中国科学院歴史研究所副所長。

それはまだ日中の国交が回復される以前のことであって、今日ではおよそ想像もつかないけれども、中国から高名の先生方を迎える準備は並大抵のことではなかった。大学院の学生であった筆者もいくらかの下働きを仰せつかり、一行が滞在されたホテルの張番を務めたこともある。

青二才であった筆者には一対一で話を伺うことなど望むべくもなかったが、侯外廬氏の人柄は、それに先立つこと三年の一九六〇年に訪中された島田虔次先生の「中国見聞記」（『東洋史研究』十九巻四号）につぎのように叙されている。「長身、面長、無髯《むぜん》、顔色はあまりよいとは言えない。どちらかというと寡黙なほうであるが、必ずしもとっつきにくい感じではない。周囲の人からも侯老侯老と親愛せられているように見うけられる」。

中国思想史の大家であった島田先生も道山に帰されてすでに久しい。侯外廬氏の『中国思想通史』を評して、「比擬するのはおかしいが、さしずめわが国の学士院賞にも値する名著だ」と島田先生が言われたことがあったのも、懐かしく思い出される。

（二〇一一年一月二十七日）

〈補記〉最近の読書とした狭間直樹氏の『近代東アジア文明圏の啓蒙家たち』（京都大学学術出版会、二〇二一年刊）、その第六章「『梁啓超年譜長編』について」につぎの一文がある。「日中両国間の関係が完全に冷え切っていた時期である一九六三年十二月に中国学術代表団（張友漁《チャンユウユイ》団長、歴史学者は侯外廬《ホウワイルー》・劉大《リウタアー》年《ニェン》の二氏）の来日が実現した。前年来、小野信爾先生をはじめとする京都の若手研究者が「招請」を呼びかけ全国的な運動となったのに応えたものであった」。

61 井真成墓誌の魂魄観

岩波新書の一冊として、このほど刊行された興膳宏氏の『仏教漢語50話』。⑴音訳語、⑵意訳語、⑶訳語ではくくりきれない語彙、これらの三部で構成されている。高度な内容ながら、著者の造詣が深い落語の話などが随所に盛り込まれており、楽しく読むことができる。

サンスクリット語の「カルパ」が漢字で「劫《こう》」と音写されたのなどが音訳語。サンスクリット語の「ナラカ」が「地獄」と訳されたのなどが意訳語。その場合、音訳語として「奈落《ならく》」も作られたのだが、中国にもともと存在し、それだけに中国人になじみの深い「地獄」の語がむしろ広く用いられたのであった。そして第三部には、「愛」や「心」などの語が集められている。

なかでもわが意を得たのは、第三部「魂魄《こんぱく》」の項であった。「魂魄」は和語の「たましい」に置き換えられるものの、「魂」は精神をつかさどる陽の精気であり、「魄」は肉体をつかさどる陰の精気を意味するという違いのあること、そして『楚辞』の「招魂」篇に、死んで帰らぬ主人公に「魂よ帰り来たれ」と呼び掛ける句がリフレインとして繰り返されていることを指摘したうえ、二〇〇四年に中国の西安市で発見された八世紀唐の時代の日本人留学生井真成《せいしんせい》の墓誌が取り上げられている。その墓誌の銘文が、「形既埋於異土、魂庶帰於故郷」と結ばれているのについて、興膳氏はつぎのように言う。

——これは、「形は既《すで》に異土に埋《う》もるるも、魂よ庶《こいねが》わくは故郷に帰らんことを」と読める。「君の肉体は異国の地に埋もれたが、魂はどうか懐かしい日本の故郷に帰ってくれ」と呼びかけているのだ。

「井真成墓誌」については、これまでにさまざまの解釈が出されているが、興膳氏の文章を読んでわが意を得たりとの思いを抱いたのは、筆者も二〇〇四年十一月二十日の本欄「「井真成墓誌銘」が伝えるもの（下）」と題した一文において、「魂庶帰於故郷」は『楚辞』招魂篇の句と照応するであろうということを述べ、興膳氏と同じ読みと解釈を示しておいたからである。

つけ加えるならば、白居易《はくきょい》が九歳で亡くなった弟の幼美《ようび》のために執筆した墓誌銘が、「魂兮魂兮随骨来（魂よ魂よ骨に随いて来たれ）」と結ばれているのも、この読みを補強してくれるかもしれない。

（「魂は精神を司る精気　井真成墓誌の魂魄観」二〇一一年十月二十五日）

〈補記〉二〇〇四年十一月十八日と二十日の二回にわたり、「「井真成墓誌銘」が伝えるもの」と題して「井真成墓誌銘」を取り上げ、文章そのものに即して理解し得たところを述べることにつとめた。そして二十字からなる銘、「□乃天常、哀茲遠方、形既埋於異土、魂庶帰於故郷」についてつぎのように記した。

この銘の冒頭の欠字は恐らく「死」であろう。二世紀後漢時代の名士である楊震《ようしん》は余儀ない事情によって毒を仰ぐ羽目に立ち至ったのだが、その時に当たって、息子や門弟に「死なる者は士の常分なり」と語ったと伝えられる。六世紀六朝時代の顔之推《がんしすい》も、その『顔氏家訓』の終制篇をつぎのように書き始めている。終制とは遺書にほかならない。「死なる者は人の常分、免る可からざるなり」。

従ってこの銘は、「死は乃ち天常、哀れ茲《こ》の遠方、形は既に異土に埋めらるるも、魂よ庶《こいねが》わくは故郷に帰れ」と訓読されよう。死はすべての人間にとっての自然のさだめ、だが遠方の地で死んだのは何とも哀れ、肉体は異郷の地に葬られたが、霊魂はどうか無事に故郷に戻っておくれ、というのだ。「魂よ庶わくは故郷に帰れ」という最後の一句は、『楚辞』招魂篇に繰り返されている「魂よ帰り来たれ」の句と照応するであろう。

62　中江兆民と幸徳秋水　爽快な師と弟子

読後爽快といえる書物にはそうめったに巡り合えぬものだが、幸徳秋水の『兆民先生・兆民先生行状記』（岩波文庫）は、一〇〇ページそこそこの短編とはいえ、掛け値なしに読後爽快な書物である。

兆民先生、すなわち中江兆民は言わずと知れた明治時代の民権運動の理論的リーダー。明治憲法の体現するところは上から与えられた「恩賜《おんし》的民権」に過ぎぬと一蹴し、民権はすべからく民衆自らが下から進んで取るところの「進取的民権」でなければならぬと主張した兆民。

幸徳秋水がそうした兆民の書生となったのは、兆民が保安条例によって東京を逐われ、大阪において『東雲新聞《しののめ》』の主筆を務めていた明治二十一年（一八八八）のことである。

兆民が没した明治三十四年（一九〇一）の翌年に愛弟子の秋水によって書かれたこの書物は、緒言に「描《えが》く所何物ぞ。伝記乎《か》、伝記に非ず、評論乎、評論に非ず、弔辞乎、弔辞に非ず。惟《た》だ予が曾《かつ》て見たる所の先生のみ、予が今見つつある所の先生のみ。予が無限の悲しみのみ。予が無窮の恨みのみ」と記されているように、至情あふれる文章であって、熱血多感の兆民の人となりを描いて余蘊《よ うん》がない。

明治二十三年（一八九〇）、兆民は第一回衆議院総選挙に大阪から立候補して当選を果たしたものの、わずか数年にして辞表をたたきつけて代議士を廃業のうえ、さまざまの事業に手を染める。

だがと言うべきか、それともそれ故にと言うべきか、兆民の生活は「困窮」の二字によってしか表現しようのないものであった。兆民が手を染めた事業はどれもこれも見事に失敗し、秋水はいくらかユーモラスな筆致をもって、その平生の素顔をつぎのように叙している。「貧乏益々甚だし、先生食卓（先生令閨《れいけい》児女《じじょ》と常に一台の円卓を囲んで食事せらる）に向つて盞《さかずき》を挙げて笑つて曰く、大饑饉《だいききん》なるかな、明けても暮れても豆腐《とうふ》のからに野菜《ナッパ》の浸物《つけもの》斗《ばか》りは少しひどしと」。

兆民と秋水の師弟の間に通い合う情愛は、羨ましく感じられさえするほどに純粋で一点の曇りもない。読後爽快である何よりの所以である。

幸徳秋水がいわゆる大逆事件によって四十歳の命を絶ったのは、兆民没後十年の明治四十四年（一九一一）一月二十四日、今からちょうど百年前のことであった。

（「中江兆民と幸徳秋水　爽快な師弟間の関係」二〇一一年十二月十七日）

〈補記〉幸徳秋水の『兆民先生・兆民先生行状記』は、二〇二〇年三月二十一日『朝日新聞』朝刊の読書欄、「平田オリザが読む古典百名山」に取り上げられており、つぎのようにある。「『兆民先生』は中江兆民の死の翌年に発表された短い伝記。『行状記』の方は、より随筆風に兆民の日常を描いている。どちらも圧倒的な師への愛と尊敬に支えられた美文で、日本文学史の位置付けで語るなら、古文調で書かれた最後の名文といっても過言ではない」。

63　自然破壊と災害　古代中国の警鐘

紀元前一世紀の中国、前漢の元帝の時代に副宰相役を務めた貢禹《こうう》なる人物は、貨幣鋳造のために鉱山の乱開発が行なわれている現状を憂えて、つぎのような意見を開陳した。

――鉄官には監督の役人と労働者を配置し、山を掘削して銅鉄を採取し、一年間の労働総量は十万人以上に上る。・・・・土地を掘削すること数百丈、陰気の精を消耗させ、地蔵は空っぽになり、精気を包蔵して雲を湧き出させることができず、森林の木を伐採するのに時禁は設けられず、水害や旱魃は往々にしてこのことが原因で発生するのである。

鉄官とは王朝が全国四十八カ所の鉱山に設けた出先機関。「地蔵」とは大地のクラ。陰陽二気のうち、天に属す陽の気に対して、雲を湧かせ雨を降らせる陰の気は地蔵に蓄えられる、と考えられたのである。また季節ごとの禁令が「時禁」であって、『礼記』月令篇に、孟春の月すなわち一月には「木を伐るを禁止す」とある。

乱開発にともなう自然破壊が自然災害の原因になるということのような考えは、貢禹に先立って、たとえば『管子』の度地篇に「冬に土功（土木事業）を作《な》し、地蔵を発《あば》けば、則ち夏に暴雨多く、秋霖

（秋の長雨）止まず」と見える。

そしてまた、一―二世紀の後漢時代に起源を有する道教経典の『太平経』。『太平経』はそもそも于吉《うきつ》なる人物が曲陽（江蘇省連雲港の西南）の泉水のほとりで手に入れた神書『太平清領書』に由来し、後漢末期に社会を大混乱に陥れた「黄巾の乱」のリーダー張角《ちょうかく》のバイブルとなったとも伝えられるのだが、その「起土出書訣」と題された巻につぎのような興味深い論述がある。

――大地を人間の身体に譬えるならば、水流は血、岩石は骨、土壌は肉に当たるのであって、むやみに身体を傷つけると病気になるのと同様に、「甚だ無状にも共に地を穿鑿《せんさく》（掘削）し、大いに土功を興起して道理を用いず、其の深き者は下は黄泉（地下水脈）に著《いた》り、浅き者も数丈」、かくも野放図な土木工事を行なうならば、災害を引き起こすことは必定である、と。

乱開発による環境破壊が深刻な問題として議論される今日、ここに示した中国古代人の言説を荒唐無稽だとして、あながちに一笑に付すことはできないのではあるまいか。

（二〇一二年二月二十一日）

64　ブッダの訳語「仏」はいつ使われ始めたか

『陳垣来往書信集（増訂本）』（三聯書店、二〇一〇年刊）に陳垣《チェンユアン》と胡適《フーシー》との間で交わされた往復書簡合わせて三十六通が収められている。二人は中国宗教史の分野で多大の業績を挙げた前世紀の碩学である。

一九三三年の四月に連日のごとくに交わされた書簡数通はつとに一九三五年に編まれた『胡適文存』第四集にも付録として収められているが、それらは陳垣が胡適から「四十二章経考」と題した論文を贈られたのに端を発して二人の間でなされた白熱の応酬の様子を伝える。「梵訳の四十二章経も漸々（次第に）今の一切経に及べり」（杉田玄白『蘭学事始』の言葉）と言われるように、『四十二章経』は最初の漢訳仏典とされるもの。時に陳垣五十三歳、胡適四十二歳。

二人の主要な争点は、ブッダの訳語としての「仏」がいつの時代に始まるのかに存した。現行の『四十二章経』を漢代の翻訳と見なした胡適。それに対して、『四十二章経』の原型とすべきものが漢代に存在したことは認めつつも、漢代においてはブッダは「仏」ではなしに「浮屠《ふと》」ないし「浮図《ふと》」と表記されたのであって、現行の『四十二章経』には「仏」の文字が用いられているのだから後世の人間の手が加えられたものであるのに違いないと考えた陳垣。後漢から三国魏の中葉までは「浮屠（浮図）」、三国末から晋初までは「浮屠」と「仏」の併用、そして東晋から劉宋の時代に至ってもっぱら「仏」が用いられるようになったというのが陳垣の考えであった。

だが、陳垣説はあまりにも厳密で窮屈に過ぎるのではないか。そう考えた胡適は、五世紀の劉宋の時代をはるかに下る八―九世紀の唐の韓愈《かんゆ》の作品「浮屠文暢《ぶんちょう》師を送る序」に、「浮屠」なる言葉が七回も用いられ、「仏」なる言葉が一回も用いられていないことを持ち出してつぎのように言う。

――もしも万が一、不幸にして韓愈の他の文章、またそれと同時代の文献が全て劫火に遭い、ただこの序だけが世の中に残ったとするならば、後世の考古家はそれを根拠に韓愈の時代には「仏」なる訳語はなかったのだと判断してよいだろうか。

だが陳垣も引き下がりはしない。韓愈が「浮屠」なる言葉を用いたのは、文学者の文学的表現としてのことに過ぎず、歴史家の記述なのではないと。

どちらに軍配を上げるかはともかくとして、二人が往復書簡という形式によって学術上の問題を論じ合い、真剣勝負を挑んだのは、中国の学者の古来の伝統に倣ってのことなのであった。

（二〇一二年三月二十二日）

〈補記〉陳垣氏のこと、旧著『三余録』に収めた「『勵耘《れいうん》承学録』」の一文を参照されたい。『勵耘承学録』は陳垣氏の助手を長年にわたってつとめられた劉乃和《リウナイホー》女士の撰著。その書名は陳垣氏の書斎名「勵耘書屋」にちなむ。

65 天子の機嫌を取り詩才を隠した詩人

六世紀中国の梁の鍾嶸《しょうこう》が著わした『詩品』は、前漢から梁の時代に至るまでの五言詩の作者百二十三人を上品・中品・下品の三品にランクづけしたうえ、それぞれに論評を加えた文学評論の書物である。

その『詩品』が中品の一人に数えている南斉の江淹《こうえん》の条につぎのような逸話が載せられている。ある日の夜の夢に一人の美男子が現われ、自分は郭璞《かくはく》だと名乗ったうえで言った。「わしが筆をお前にあずけてから、もう長年になる。返してくれるがよい」。江淹が懐の中を探ったところ、五色の筆が見つかり、それを相手に手渡した。それ以後、江淹の作品は無残な駄作ばかり。それで世間では「江淹は才尽きたり」とはやし立てた。

郭璞は『詩品』がやはり中品に列する四世紀東晋時代の詩人であって、とりわけ仙界に遊ぶイメージをうたう「遊仙詩」に手腕を発揮した。

江淹の逸話は夢の中で五色の筆を郭璞に返したために「才尽」、すなわち詩才が尽きてしまったという趣向なのだが、江淹と同様に「才尽」と評判されたもう一人の詩人がいた。江淹のいくらか先輩に当たる鮑照《ほうしょう》である。鮑照も『詩品』が中品として江淹の二人前に列している詩人であるが、ただし鮑照が「才尽」と評されたことは、『詩品』ではなしに『宋書』が伝えるところである。

それによると、五世紀劉宋の孝武帝に仕えることとなった鮑照は、孝武帝がいっかどの詩人を気取り、自分にかなう者はおるまい、とうぬぼれているため、わざと自作の詩文に「鄙言（卑俗な言葉）」の句を連ねて天子の機嫌を損ねないようにつとめた。そのため世間では、鮑照は「才尽きたり」と評判したという。

鮑照の詩才はなかなかのものであったが、しかし『詩品』が「嗟《ああ》、其の才は秀ずるも人は微なり、故に湮《いん》を当代に取る（才能は抜群であったが家柄が低く、そのため当時の世に埋もれた存在であった）」と評しているように、悲しいかな、下級士族の出身であり、それ故に孝武帝に対しても卑屈な態度を取らざるを得なかったのである。

鮑照が生きたのは、何事につけて家柄がものをいう身分差別の厳しい時代であった。『宋書』が鮑照について、「当時咸《み》な照は才尽きたりと謂う」とひとまず記したうえ、続いて「実は然らざるなり」、本当はそうではなかったのだ、と述べていることにいくらかほっとするとともに、複雑な思いなしにはすまされない。

（二〇一二年十月二十三日）

66　人の子にして医を知らざるは不幸者

今年（二〇一二年）の二月に天皇陛下の冠動脈バイパス手術の執刀医を務められた天野篤氏は、御父君が心臓病であったのがきっかけで医師の道に進まれたということを新聞記事で読んだ。

父親なり母親なりが病身であることを動機として医学や薬学に志した事例は過去の中国においても珍しくない。南宋の王応麟《おうおうりん》の『困学紀聞《こんがくきぶん》』（雑識篇）にそのような幾つかの話が集められている。その幾つかを紹介するならば――、

四世紀の東晋の殷仲堪《いんちゅうかん》は、積年の病に悩まされている父親を何とかして快癒させたいものと、「躬《みずか》ら医術を学んで其の精妙を究め」た。父親はベッドの下をはい回る蟻の音を聞いても牛が格闘しているのではないかと思うほど重い心悸亢進症を患っていたのである。後に荊州の長官となった殷仲堪には、その官職名にちなんで『殷荊州要方』と呼ばれる医書の著作があったことも伝えられているのだが、父親の看病に当たっていた時のこと、父親の異常な病状に居たたまれず、思わず流した涙を薬を調剤していた手で拭ったために片眼を失明したというのが痛ましい。

六世紀の梁の許道幼《きょどうよう》は、母親が病牀に臥せることとなったのをきっかけに医書を読みふけり、やが

て名医の評判を取るに至った。彼は一族の者を口癖のようにこう戒めたという。「人の子たる者、膳を嘗《な》め薬を視、方術を知らざれば、豈《あ》に孝と謂わんや（食事の毒味をし薬を確かめ、医術をわきまえなければ、どうして孝行者といえようか）」。その訓戒に違わず、孫の許智蔵《きょちぞう》は祖父の医術を伝えて隋の煬帝の侍医を務め、一族の許澄《きょちょう》も宮中の医薬係である尚薬典御を務めることとなった。

また七世紀の王勃《おうぼつ》に「黄帝八十一難経序」と題した文章がある。それによると、「人の子にして医を知らざるを古人は以て不孝と為す」と父親から絶えず教えられていた王勃は、立派な師匠を求めるべく旅に出、龍朔元年（六六一）、長安で出会った曹道真《そうどうしん》先生から古い伝承を持つ医書の『黄帝八十一難経』を伝授された。龍朔元年といえば王勃はまだ十二歳。神童の誉れをほしいままにした王勃にいかにもふさわしい話である。

ところで王勃は医学の道に進まず、「初唐四傑」、すなわち初唐を代表する四人の詩人の一人として名を馳せることとなるのだが、それはともかくとして、幼少の王勃が父親から授かった言葉は、許道幼の訓戒の言葉と通底する。さらに時代が下って、北宋の大学者の程伊川《ていいせん》にもつぎの言葉がある。「親に事《つか》える者は亦た医を知らざる可からず」（『近思録』家道）。

（二〇一二年十一月八日）

67　棺の中に納められた『孝経』

唐の陳子昂《ちんすごう》の撰文にかかる「楊府君碑」は、碑主の楊越《ようえつ》が自分の死後には薄葬を行なうべく墓中に「珠玉」を蔵してはならぬこと、そして「唯孝経一巻、堯典一篇、昭示後嗣、不忘聖道」、このように遺言して世を去ったと伝えている。

昨年（二〇一二年）末に中国から届いた『歴史研究』二〇一二年五号が掲載する乜《ニエ》小紅《シアオホン》氏の論文「秦漢から唐宋時代に至る遺言制度の演変」は、この碑文について言及し、楊越は『孝経』と「堯典《ぎょうてん》」を子孫のもとに留め置いたのだと解釈している。だが、ただそれだけのことなのではあるまい。何故かといえばつぎのような事実を知るからである。

二世紀の後漢の周磐《しゅうばん》は、死に臨んで薄葬を行なうように命じ、「二尺四寸の簡を編んで堯典一篇を写し、幷《なら》びに刀筆各々一をば以て棺の前に置け。聖道（聖人の道）を忘れざることを示さん」と遺言した。「堯典」は五経の一つである『書経』の冒頭の篇であって、古代の聖王である堯帝のさまざまの聖徳が語られている。儒教の最も重要な経典である五経は二尺四寸の長さの「簡」、すなわち竹簡に書写される習わしであった。刀筆は竹簡に書写する道具のナイフと筆である。

また『論語』と共に五経に次いで重要視される儒教経典の『孝経』についてもつぎのような事実を指摘することができる。三世紀の西晋の皇甫謐《こうほひつ》は自分の死後の埋葬法を指示する「篤終《とくしゅう》論」を著わし、生前に使用した品物はすべて死後の道連れとすることなく、「唯だ孝経一巻のみを齎して孝道を忘れざることを示さん」と述べている。そして六世紀の梁の沈驎士《しんりんし》は、皇甫謐に倣って自分の棺の中に納めるのは『孝経』とせよと遺言し、梁の第三代皇帝の元帝蕭繹《しょうえき》の著書である『金楼子《きんろうし》』、その終制篇も、皇甫謐たち先人の遺書を引いたうえ、自分の墓中に納めるべきものの一つに『孝経』を挙げ、「此の外、珠玉は入れず、銅鉄（の品）は蔵すること勿《な》かれ」と述べている。終制とは葬儀に関する遺嘱に他ならない。時代が下って、京都シナ学の創始者の一人である内藤湖南も、「わしが死んだら孝経一巻を浄書して枕もとで読みそれを棺の中に入れてくれ」と遺言したという（青江舜二郎『竜の星座』）。

冒頭に引用した文章は「唯だ孝経一巻と堯典一篇もて、後嗣に昭示するに聖道を忘れざることを」とでも訓読するほかはないであろうが、もはや明らかなように、唐の楊越は周磐や皇甫謐たちに倣って「堯典」と『孝経』を墓中に随葬するように命じたのであり、それによって自分が儒教の聖人である堯帝や孔子の道を死後にも忘れないことを子孫たちに示そうとしたのであった。

（「棺の中に入れられた儒教の経典の『孝経』」二〇一三年一月二十二日）

〈補記〉『孝経』が随葬されたことの詳細は、拙文「六朝時代における『孝経』の受容」(『六朝精神史研究』、同朋舎出版、一九八四年刊)を参照されたい。

68 中国では散逸したが日本には残った古書

中国の本土ではいつしか伝承を絶ちながら、日本に保存され、再び中国に逆輸入されることとなった書物は決して珍しくない。

たとえば『論語義疏《ぎそ》』。六世紀梁の皇侃《おうがん》が著わした『論語』の注釈である『論語義疏』は中国では早くに失われたのだが、荻生徂徠《おぎゅうそらい》の弟子の根本遜志《ねもとそんし》が足利学校に遺存する写本を整理のうえ、寛延三年（一七五〇）に出版したものが中国にもたらされ、かの地の学者たちを驚かせたのであった。

『論語』と共に儒教の最も基本的な経典とされる『孝経』の注釈に関しても同様の事があった。

そもそも『孝経』のテキストには、漢代通行の隷書で書されたテキストに由来する今文『孝経』と、より古い書体で書されたテキストに由来する古文『孝経』の二種類が存在し、今文『孝経』には後漢の大儒の鄭玄《じょうげん》の注釈ともそうでないともされる鄭注が、また古文『孝経』には前漢の孔安国《こうあんこく》の注釈とされる孔伝が付された。ところが唐の玄宗が今文テキストに基づいて御注《ぎょちゅう》と呼び習わされる『孝経』の注釈を著わすに及んで、鄭注『孝経』も孔伝『孝経』も次第に淘汰されて伝承を絶ったのだが、わが国には共にそれらが伝えられており、再び中国にもたらされたのである。

まず北宋の雍熙元年（九八四）、渡宋した東大寺の僧奝然《ちょうねん》によって今文『孝経』鄭注が時の天子の太宗に献上される。そしてそれから数百年後、清国の海商が太宰春台《だざいしゅんだい》の校訂にかかる古文『孝経』孔伝の刊本を中国に持ち帰り、それに基づく復刻本が行なわれることとなった。

太宰春台も根本遜志と同様に荻生徂徠の弟子であり、享保十六年（一七三一）十一月の日付をともなうその序につぎのように言う。「古書の中夏（中国）に亡んで我が日本に存する者頗る多し。・・・・昔、僧の奝然は宋に適《ゆ》き、鄭注孝経一本を太宗に献じ、司馬君実《しばくんじつ》等は之れを得て大いに喜べりと云う」。司馬君実は『資治通鑑』の著者として知られる司馬光。続いて、「今、其の世を去ること七百有余年、古書の散逸する者亦た少なからず。而るに孔伝古文孝経は全然として尚お我が日本に存す。豈《あ》に異ならずや（素晴らしいことではないか）」。

古文『孝経』孔伝がわが国に遺存したのは、疑いもなく「異」とすべき事柄であった。それが中国において復刻されるに当たって学者の盧文弨《ろぶんしょう》が寄せた序にも、「此の書、亡逸すること殆んど千年に及び、而して一旦復《ま》た之れを得たり。此れ豈《あ》に天下の学士の声を同じくして快を称する所の者に非ざらんや」と述べられている。

（二〇一三年二月二十三日）

69　二百年後の盗掘で世に出た王羲之の書

二月の中旬、東京上野の国立博物館の「書聖王羲之《おうぎし》」展に足を運んだ。展覧会の会場で購入した図録はなかなかの豪華版で内容豊富だが、そこには触れられていない王羲之に関する一つの記事が『陳書』の始興《しこう》王伯茂《はくぼ》伝に見いだされる。始興王伯茂は陳王朝の文帝の第二王子である。

それによると、陳の天嘉二年（五六一）のこと、ある軍団の兵士が丹徒《たんと》（江蘇省鎮江東南）において郗曇《ちどん》の墓を盗掘し、王羲之やその他の名士たちの書跡を大量に手に入れた。だが間もなく事件は発覚し、書跡は没収の上、王朝の秘府の所蔵に帰した。文帝はそれらの書跡のかなりのものを文雅のたしなみのある伯茂に賜り、かくして伯茂の草書、隷書の腕前は大いに上がり、また王羲之の書法を会得したというのである。

郗曇は実は王羲之の妻の弟であり、それにまた王羲之の末子の王献之《おうけんし》の最初の妻は郗曇の娘であって、このように王家と郗家とはごく親しい間柄なのであった。王羲之の尺牘《せきとく》（書簡）にも郗曇はしばしば登場する。たとえばつぎのような文面の尺牘が伝わる。

——重熙《ちょうき》からこのような便りが届きました。もし彼の言うとおりだとすると、張平めのことが憂慮されます。軍勢をととのえて黄河の南の地域に進軍しないかぎり、諸公はいかにして太刀打ちするつもりなのでしょうか。・・・・たとい重煕がこの一戦に奮起一番したところで、浅見としか言いようがありません。まったく昨今の戦局には手の打ちようがない。

重煕は郗曇の字《あざな》。その頃、郗曇は華北に覇を唱える鮮卑《せんぴ》族王朝の前燕《ぜんえん》の進攻に備えるべく下邳《かひ》（江蘇省睢寧の西北）に置かれた東晋の前線基地に指揮官として派遣されていたのである。張平は前燕の将軍であり、郗曇は張平軍に対して攻撃をかけようとしていたのであろう。だが、王羲之は綿密な計画を欠く軽挙妄動はくれぐれも慎んでほしいと気をもんでいるのだ。

果たして郗曇は前燕との戦いに敗れて引き揚げてくる。そして東晋の升平五年（三六一）、四十二歳をもってあっけなく亡くなってしまう。郗曇の父親、従って王羲之の岳父に当たる郗鑒《ちかん》は京口《けいこう》（江蘇省鎮江）を本拠とする軍団長であったから、郗家の墓はその近くの丹徒に営まれていたのであろう。そして郗曇のゆかりの品として王羲之の尺牘も墓中に納められたのだと考えられる。それからちょうど二百年後の陳の天嘉二年（五六一）にその墓が盗掘に遭い、再び世に姿を現わすこととなったのも不思議な縁といえるかもしれない。

（「二〇〇〇年後の盗掘で世に出た王羲之の書」 二〇一三年三月十九日）

70　釈尊をテーマにした敦煌出土手習い手本

旧中国の幼童の手習いのお手本に「上大人」と呼ばれるものがあった。「上大人、丘乙己」と始まる文章が朱書きされ、それらの文字を墨でなぞるのである。魯迅《ろじん》の小説の『孔乙己《コンイーチー》』は、清朝末期の知識人のなれの果ての姿を描いたものだが、清代の「上大人」では、第二句の「丘乙己」が「孔乙己」と書かれる習わしであり（丘は孔子の諱）、小説の主人公の孔乙己は姓が「孔」であるために、そのように綽名《あだな》されたのである。

あるいはまた現在は大英図書館に所蔵され、「ローマのヴァチカン図書館にある中国の言葉のアルファベット」との説明が付されているテキストは、「上大人」の一字一字にアルファベット表記が添えられているのだが、十六世紀の半ばに中国を訪れたポルトガル人によってローマにもたらされたものだという（高田時雄「『西儒耳目資』以前」）。

ところで敦煌発見の九―十世紀の写本には、「上大人」と一続きに書写され、「牛羊千口、舍宅不受、甲子乙丑、大王下首、之乎者也」を文句とするものが少なからず存在する。

「上大人」は「上大人、丘乙己」と始まり、「化三千、七十二」と続くのだから、三千人の弟子を教化し、中でも優秀な弟子は七十二人を数えたと伝えられる孔子をテーマとしたものであろうとの見当がつく。では「牛羊千口」のテーマは何なのであろうか。

最近一読した海野洋平氏の「敦煌童蒙教材「牛羊千口」校釈——蒙書「上大人」の姉妹篇——」(『一関工業高専研究紀要』四七号)は極めて説得的である。海野氏はあまたの敦煌写本を精査の上、「牛羊千口」のテーマはシッダールタ、すなわち釈迦だとしているのだ。

海野氏は「牛羊千口」の文句を「牛羊千口あるも、舎宅は受けず、甲子乙丑ののち、大王すら首《こうべ》を下《た》る、之平者也《シコシャヤ》」と訓読し、つぎのような意味だと解釈する。

「悉達(シッダールタ)太子は、牛羊を無数に所有する王家の身分に生まれながら、邸宅などを打ち捨てて出家し、やがて悟りを開いて仏陀となると、大王までもが稽首参問するほどであった、というナリケリ」。結びの「之平者也」が「ナリケリ」と解釈されているのは、それらの四文字がいずれも語調を整えるだけで意味のない助辞だからである。

孔子を題材とする「上大人」。それとお釈迦さんを題材とする「牛羊千口」。そうであるならば、両者は見事な対照をなす。海野氏の論文は、「牛羊千口」のテーマとその意味について先人未発の見解を提示して余蘊《ようん》がない。

(二〇一三年六月二十五日)

〈補記〉海野氏はその後さらに「敦煌童蒙教材「牛羊千口」再論——伝本「上大人」・敦煌本「上大夫」の遡庭をめぐる一考察——」（『集刊東洋学』一二三号、二〇二〇年六月刊）を発表し、前作の妥当性の再検証を行なって補強につとめている。その再論の注記に、もとより執筆者は不明としながらも、『中外日報』（二〇一三年六月二十五日）社説「釈尊をテーマにした敦煌出土手習い手本」は、拙稿の内容を肯定的に論評している」との言及がある。

71　儒教徒の排仏論と僧侶の剃髪の意味

仏教を排斥する排仏論では、沙門の剃髪の習俗がしばしば攻撃目標となった。たとえば四世紀東晋の孫綽《そんしゃく》の「喩道論《ゆどうろん》」(『弘明集』巻三) につぎのような議論が引用されている。儒教の聖人である周公と孔子の教えでは「孝」の徳がとりわけ大切なものとされているにもかかわらず、沙門が「鬚髪《しゅはつ》を剃《がん》剔《てい》し(ひげと毛髪を剃り落とし)、其の天貌(生来の容貌)を残《そこな》っている」のは何ともひどいことだ。

それというのも、『論語』と並んで儒教の最も基本的な経典とされる『孝経』の冒頭に、「身体髪膚、之れを父母に受く。敢えて毀傷《きしょう》せざるは孝の始めなり(身体や髪の毛、皮膚は父母からの授かりもの、それを傷つけまいとするのが孝の第一歩)」とあるからであり、沙門が剃髪するのは髪の毛を傷つける行為にほかならず、「孝」の徳をないがしろにしているというわけである。

二月二十三日の本欄「中国では散逸したが日本には残った古書」に述べたように、『孝経』には今文と古文の二種類のテキストとそれぞれに対する注釈が存在するのだが、わが国に遺存した古文『孝経』を刊行した太宰春台《だざいしゅんだい》は、その序において、古文『孝経』の孔安国《こうあんこく》の注釈では「敢えて毀傷せざる」云々の「毀傷」の語が「刑傷」と置き換えられていることに注目したうえ、つぎのように敷衍している。

孔安国が「毀傷」の語を「刑傷」と置き換えているからには、「毀傷」とはただ漠然と肉体を傷つけることを意味するのではない。それは古代中国で行なわれた肉刑、すなわち肉体を傷つける劓《ぎ》（鼻そぎ）、刵《じ》（耳そぎ）、宮《きゅう》（生殖器割除）、剕《ひ》（足斬り）、髡《こん》（毛髪剃除）、墨《ぼく》（入れ墨）等の刑罰を受けることなのであり、劓、刵ならびに宮は身を、剕は体を、髡は髪を、墨は膚を傷つけることに当たるのである。つまり『孝経』は肉刑を受けるような罪を犯してはならぬと戒めているのであって、もしそうでないならば、忠臣が君主の危難に際して「水火兵刃」をものともせず、あるいはまた節婦が「髪を絶ち鼻を截《き》る」、そのようなけなげな行為も全て不孝ということになるではないか。節婦云々は、夫の死後、実家の者が再婚させるべく連れ戻そうとするのを髪の毛を切り鼻をそぎ落として節義を貫いた女性たちのことをいうのである。

孔安国の注釈を敷衍する太宰春台の解釈に従うならば、冒頭に紹介したような排仏論は根拠を失うであろう。沙門が剃髪するのは髡刑に処されるような罪を犯したことによるものではないからである。

（二〇一三年九月五日）

72　碑銘のなかの美辞麗句　墓中におもねる文人たち

二世紀後漢時代の文人の蔡邕《さいよう》は数々の碑文を書き残していることで有名だが、ある時、つぎのように述懐した。「吾は碑銘を為《つく》ること多きも、皆な徳に慚《は》ずる有り。唯だ郭有道《かくゆうどう》のみ愧《は》ずる色無きのみ（僕は多くの碑銘を制作したが、いつも慚愧の念に堪えなかった。ただ郭有道の碑銘についてだけはそのようなことはまったくない）」。

郭有道とは建寧二年（一六九）に亡くなった郭泰《かくたい》。その葬儀には全国各地から千人を超す会葬者が駆け付けたほどの名士であり、同志たちが石碑を建てるに当たって蔡邕がその碑文を制作することとなったのである。

蔡邕の「郭有道碑」（『文選』巻五八）の結びの銘文には、「於休《ああめで》たき先生、明徳にして玄に通ず。純《じゅん》懿淑霊《いしゅくれい》、之れを天自《よ》り受く。崇壮幽浚《すうそうゆうしゅん》なること、山の如く淵の如し。礼楽をば是れ悦び、詩書に是れ敦《あつ》し（ああ、めでたき郭有道先生、徳は明らかにして奥深い真理に通じられた。純粋な美しさとよなき心は、天の授かりもの。壮大で深遠なること、山や淵のようだ。礼楽に心をなごませ、『詩経』『書経』に親しまれた）」云々とつづられている。

郭泰の碑銘にこのように記したのは嘘偽りがない、だがその他の碑銘に関しては心の痛みを感じずにはすまされぬと蔡邕が告白しているのは、潤筆料を稼ぐためにありもせぬ美辞麗句を書き連ねる場合が往々にしてあったからにほかなるまい。明末清初の顧炎武《こえんぶ》の「作文潤筆」（『日知録』巻一九）と題した一文に言う。

――蔡邕の文集には当時の貴人の碑や誄《るい》（追悼文）の作品がとても多い。胡広《ここう》と陳寔《ちんしょく》の碑文はそれぞれ三篇、橋玄《きょうげん》と楊賜《ようし》、胡碩《こせき》の碑文はそれぞれ二篇を数える。それだけではない。袁満来《えんまんらい》は十五歳、胡根《ここん》は七歳で亡くなっているにもかかわらず、いずれも碑文を制作している有様だ。潤筆料が目当てでなければ、ここまでやることはあるまい。史伝は蔡邕が著名人なので隠して言わないだけだ。文人が賕《まいない》を受け取るのは、韓愈《かんゆ》の諛墓《ゆぼ》の金だけではないのである。

韓愈は中唐を代表する文人。「諛墓の金」は劉叉《りゅうさ》なる人物にまつわる話である。劉叉はごろつき同然の男だったが、ひとかどの文才があり、韓愈に弟子入りをする。ところがある時、つぎのようにうそぶき、韓愈の金数斤を持ち逃げして姿をくらませてしまった。「この金は、先生が墓中の人間に諛《へつら》って手に入れたものだ。俺さまの長寿のご祝儀とするのに越したことはあるまいぜ」。

韓愈のもとには、もとより碑文制作の依頼があいついでいたのである。

（二〇一四年六月十一日）

附「社説」題名一覧

※備考欄の「三余」は『三余録——余暇のしたたり——』、「読書」は『読書雑志——中国の史書と宗教をめぐる十二章——』、算用数字は本書収載の番号を示す。

題名	掲載月日	備考
一九八八年		
狗子仏性	四月一日	
選官と選仏	五月十二日	三余
W君とM君のこと	五月三十一日	三余
機械あれば機事あり、機事あれば機心あり	七月一日	
太山地獄	八月八日	三余
無位の真人	八月二十二日	
神を祭ること神の在ますが如くす	九月十六日	
訓読もまた一つの翻訳	十月三日	
顧亭林と王山史	十月十七日	
嶧山の碑は野火に焚かる	十一月八日	
四知	十一月二十五日	
今年の一冊	十二月九日	
一九八九年		

一本の眼鏡	一月十日	三余
「平成」の典拠	一月二十日	
諡	二月八日	
九州の旅	二月二十日	三余
中国人留学生	三月三日	
右と左	三月二十四日	
蜀道難	四月三日	
北京から届いたコピー	四月十九日	三余
韓老爺――中国の宗教事情の一端――	五月九日	
ゆく河のながれは絶えずして	五月十八日	三余
白居易と仏教	六月十二日	
禅仏教と道教の交渉を研究せよ	六月三十日	
『中国仏教思想資料選編』	七月十二日	三余
内藤湖南	七月二十一日	三余
一隻の履	八月一日	
唐の玄宗『金剛経』注	八月九日	
R高校一年十二組	八月二十二日	三余
師の半徳を減ず	九月四日	三余
さまざまの「海外」	九月十九日	三余
無常	九月二十七日	三余
PR誌	十月六日	三余
謏墓の文	十月十八日	

『清浄法行経』	十月三十一日	
外教と仏教	十一月十五日	
雑感二題	十一月二十九日	
五百年一聖	十二月十一日	
除夕	十二月十八日	

一九九〇年

ポプラにナシの実	一月十六日	
義舎	一月二十六日	
一納税者のつぶやき	一月三十一日	三余
『孔子』	二月十四日	
一事として知らざるを恥とす	二月二十一日	
『魏書』釈老志	三月五日	三余
片岡の飢えたる者	三月十五日	三余
曇鸞法師と陶弘景	四月二日	
皮肉骨髄	四月十六日	
釈迦も老子も孔子も女性	四月二十七日	
厭離穢土、欣求浄土	五月十四日	三余
「太原取経詩序」	五月二十四日	
『入唐求法巡礼行記』	六月八日	
天竺の僧きんごくのこと	六月二十二日	
五経に真の字なし	七月五日	
『朝鮮の道教』	七月二十三日	三余

楚王劉英	八月二日	
後漢時代の宗教地理	八月二十二日	
江戸漢詩	八月三十一日	
羅什の苗裔	九月十四日	
五岳	十月一日	
慧思禅師の立誓願文	十月十一日	
往事茫茫	十月二十二日	三余
竹林の七賢と虱	十一月二日	
丹霞天然	十一月十五日	三余
方士論	十二月六日	
狂言綺語	十二月十四日	三余
一九九一年		
雪中断臂	一月十六日	三余
換骨	一月三十一日	
内丹と外丹	二月六日	
一日作さざれば	二月十八日	
告別の辞	二月二十五日	三余
稲がわからなかった話	三月七日	三余
留秦と玉皇	三月十九日	
対馬行	四月一日	三余
吾が道は窮まれり	四月二十四日	
中国近世の宗教倫理	五月十日	三余

「不」の一字	五月二十日	
愛網を割裂す	五月二十八日	
周妻何肉	六月五日	
鄭子真	六月十九日	
東岱前後のゆふけぶり	七月一日	三余
餓え来たれば喫飯し	七月十二日	
蘇扛仏と密陀僧	七月二十九日	
策林	八月十四日	
舌の話	九月二日	
ミニ・バー	九月十三日	
紅旗征戎は吾が事に非ず	十月四日	三余
『太平経』	十月二十二日	
志賀直哉と『世説新語』	十一月一日	
『文字の文化史』	十一月十一日	三余
「注連」という言葉	十一月二十九日	
鍾馗と暦日	十二月十二日	

一九九二年

屠蘇	一月八日	
龐居士と道仙	一月二十一日	三余
「忍」の一字	一月三十日	三余
雪峰と朱熹	二月十三日	
五斗米道	二月二十七日	

王船山の立場（上）	三月十八日	
王船山の立場（下）	三月二十四日	
百歳	四月　八日	
『孝子伝』	四月二十七日	三余
仰げば尊し	五月　八日	
『道蔵提要』	五月十九日	三余
弔辞	六月　三日	
孝と仏教	六月十九日	三余
『出使英法日記』	七月　一日	三余
『桟雲峡雨日記』	七月二十日	三余
鳥のまさに死なんとするや	八月　三日	
黄檗希運の墓塔	八月十四日	
僧に非ず俗吏に非ず	九月　三日	三余
第二の遺書	九月二十四日	
慧遠の最期	十月二十日	
なつかしの西安	十一月二日	三余
耀県	十一月十八日	三余
張魯城	十一月三十日	三余
『唐刺史考』	十二月十六日	三余
一九九三年		
梁の武帝	一月十九日	
人禍あらざれば天刑あり	一月二十八日	

緇黄雑記	二月十六日	
三宝の婢	二月二十六日	
承負と肉人	三月九日	
万姓の罪あるは	三月十九日	
心に顚倒あり	三月三十一日	
『孝経』の副葬	四月十六日	
外命	五月十日	
告霊文	五月十七日	
闍黎飯後の鐘	六月二日	
『政論』	六月十一日	三余
驢鳴	六月二十三日	
「浄業の賦」	七月八日	
騶虞	七月二十一日	
諸悪莫作	七月三十日	
「黄石巌院記」	八月二十四日	
義母の死	九月一日	三余
地血地骨	九月十三日	
『中国道教史』	九月二十九日	三余
『高僧伝』神異篇	十月十二日	
唐長孺先生	十月二十日	三余
『勵耘承学録』	十月二十八日	三余
湯氏本『高僧伝』	十一月十九日	三余

彭祖	十二月六日	

一九九四年

謫仙人	一月十三日	
人騒がせな話	一月二十五日	三余
悪魔ちゃん	二月三日	
梅子熟せり	二月二十二日	
鎮悪	三月十二日	
『敦煌新本・六祖壇経』	四月十四日	三余
義門	五月三日	
『本草経集注』	五月十二日	三余
「七」	五月三十一日	
『日本学者研究中国史論著選訳』	六月九日	
仏とは覚なり	七月二日	
炎暑	七月二十六日	
人天交接、両得相見	八月九日	
姚崇の「遺令」	八月二十三日	
擬古と補亡	九月一日	
『南史』と『北史』の儒林伝	九月十七日	読書
尾籠な話	十月六日	読書
陸修静の物語	十月十五日	読書
目と耳の話	十月二十五日	
自家の大宝珠	十一月五日	

A・M君の来日	十一月十九日	
一九九五年		
妙真偈	一月十日	
王羲之と謝霊運	一月二十六日	
尼女と疑経	二月九日	読書
国は滅ぶべきも史は没すべからず	二月二十一日	読書
『周一良自伝』	三月四日	読書
信相と恵寛	三月十六日	
三上	四月一日	読書
『劉子新論』	四月二十二日	
性と天道	五月二十三日	
玉璧と黄金	六月二十日	
『史記』の十表	七月十三日	
桑下に三宿せず	七月二十九日	
太華の下、白骨は狼藉たり	八月二十二日	
讖記	九月九日	
中国の旅雑感	十月七日	
中国の博物館	十月三十一日	
中江藤樹と「孝」(上)	十一月九日	
中江藤樹と「孝」(下)	十一月十一日	
「補亡詩」	十二月五日	読書
一九九六年		

「諸皋」という言葉	一月十一日	
印可	一月二十三日	読書
旅獒	二月三日	
何ぞ燭を秉って遊ばざる	二月二十日	
「酒徳頌」	三月二日	
応病与薬	三月十二日	
いまはのきわの一声は	四月二日	
聚まること有れば必ず散ずること有り	四月十六日	
房室を断つ	四月三十日	
二分は仏法を学び、一分は外典を学ぶ	五月三十日	
河川東流す	六月十三日	
盛岡の夏	六月二十九日	
東海廟碑	七月十三日	
唐公房碑	七月三十日	
博士	八月二十四日	
O157外伝余聞	九月十七日	
鬼教	十月三十一日	
禽獣は母を知るも父を知らず	十一月二十八日	
「七十二」という数字	十二月十七日	01

一九九七年

『陳寅恪最後の二十年』	一月七日	02
『唐代密宗』	一月十八日	03

曇鸞法師を推理する	二月十五日	
『中国禅思想史』	三月十三日	04
君父の病	四月五日	
千里の江陵　一日にして還る（上）	六月十四日	05
千里の江陵　一日にして還る（下）	六月十七日	05
常に自ずから児を教う	七月二十六日	
『中日の古代都城と文物交流の研究』	九月十六日	
『啓功書話』	十月四日	
『宋高僧伝』を読む	十月二十一日	読書
生別離と愛別離苦	十月三十日	
『宋高僧伝』を読む（続）	十一月八日	
仏教と自殺の問題	十一月二十二日	
聖者の師	十二月六日	

一九九八年

松柏	一月十八日	
沈約の最期	一月二十七日	
現在仏は過去仏を拝さず	二月五日	
二人の慧達	二月十四日	
金鎖難	二月二十一日	
金屑は貴しと雖も	三月三日	
『葛兆光自選集』	三月十七日	
死者に知ありや	三月三十一日	

同に火宅に居り　共に愛流に溺る	四月十六日	
『易林』	四月二十五日	06
『老子化胡経』	五月七日	
思いこみは恐ろしい	五月十九日	07
国際東方学者会議	六月九日	
高速鉄道の事故に思う	六月二十日	
屍陀林	六月三十日	
『老子化胡経』（続）	七月十八日	
入矢義高先生を憶う	七月三十日	
真の師の所在を知る	八月二十九日	08
読書万巻、猶お今日あり	九月二十四日	
「捧心論」	十月十三日	
道安法師と『素女経』	十月二十四日	読書
井戸と竈	十一月七日	09
仙都福地の湊	十一月二十一日	10
一箭にして雙梟を射る	十二月十日	
一九九九年		
不思議な暗合	一月十二日	
兵家の興るは三世に過ぎず	二月六日	
張魯、趙に内移す	二月二十三日	11
欧陽詢と江総、その後	三月十一日	
最終講義	三月三十日	

積善の家には余慶あり	四月十三日	
海浜に遵いて処る	四月二十二日	
まさに本俗に従うべし	六月五日	
霊性の真奥を求むるには	六月二十二日	
朕は五胡に非ざれば	七月八日	
道教史への意欲的な挑戦	七月二十二日	
人心は仏教に傾く	七月三十一日	
『盂蘭盆経疏』	八月十二日	
治心、治身、治世	八月三十一日	
鬼教	九月十六日	
アミートゥオフオ（阿弥陀仏）	九月二十八日	12
瞋りと喜びとを以て仏事を作す	十一月四日	13
化し難きの俗を驚覚す	十一月二十七日	
青城山	十二月十四日	

二〇〇〇年

青城山常道観勅碑	一月二〇日	
『積微翁回憶録』	二月三日	14
衆生病むが故に我病む	二月十九日	
「畬山謡」を今に聞く	三月四日	15
臨済、帰宗の時代	三月二十八日	
入矢義高先生の人間・学問を偲ぶ	四月十八日	
「土木を以て先と為す」か	五月九日	

バスジャックに日本の病を見る	五月二十三日	
「養生」は命へのいたわりの言葉	六月八日	
「道教」の呼称はいつ現われたか	六月二十四日	
世につれ変わる書物の形態と質	七月八日	16
釈迦に供養した牛乳と中毒事件	七月二十九日	
生きとし生けるものみな滅度す	八月十九日	
宰予の昼寝にみる古典への態度	九月二日	
道術への傾倒と達磨の「胎息論」	九月二十一日	
新資料駆使した竺沙氏の諸論考	十月十九日	
〝本を貸す馬鹿　返す馬鹿〟の戒	十月三十一日	
「孝の終わり」を沙門は実現する	十一月九日	
僧を愛するも紫衣の僧を愛さず	十一月二十一日	
鶏卵を食するは殺生――という話	十二月九日	
朱子の仏教批判にみる人倫の道	十二月十九日	
二〇〇一年		
卒に当に楽しみを以て死すべし	一月二十日	
かけがえのない一期一会の人生	一月三十日	
老境を迎えて仏の脚を抱く	二月十七日	17
道仏二教の剽窃と改竄と成長と	三月八日	
三惑、四欲への自戒と生の活力	三月二十二日	18
道徳とは仁義を合して言うもの	四月二十一日	
古都に見る時代の趨勢	五月十五日	

タイトル	日付	
修練は「枯槁の士」の宜しき所	五月三十一日	
父母聴さざれば出家するを得ず	六月二十一日	
僧伽の項にみる織田辞典の面目	七月十四日	
闍浮提に生まれ衆生化度を願う	八月二十一日	19
創造性に富んだ唐代の思想文化	十月六日	
パソコン時代と『佩文韻府』	十月二十日	
「俑をつくる者は不仁なり」の言葉	十一月十七日	20
新幹線の風景に見た少年と大人	十二月十一日	
二〇〇二年		
中国仏教教団の労働と殺生問答	二月十六日	21
「昆弟誥」に見る西晋期の歴史性	四月四日	
老君が唐王朝の始祖とされた日	八月二十九日	
羅什の卒年の謎	九月十九日	
蘇塗と浮屠	十月七日	
『高僧伝』中の道教的な要素	十一月十九日	
二〇〇三年		
暗室を欺かず	一月二十一日	22
南朝劉宋時代の范曄をめぐる話題	二月二日	
ユニークな表現 展季と桑門併記	二月二十日	23
日蓮と『貞観政要』	三月八日	24
息長い基層信仰 安都丞と武夷君	三月十八日	25
歴史の研究とは命をかけた仕事	四月十日	26

孔子に仮託して発動された廃仏	四月二十六日	27
韓国に贈られた「島田虔次文庫」	五月十五日	
大乗仏教の起源に関するシンポジウム	五月二十九日	
「紂王悪事説」は記憶違いから?	六月十九日	
もう一つの「不」の一字	七月十七日	28
七人五百七十歳　唐の老人クラブ	八月二十六日	
養老の礼――敬老の日に寄せて――	九月九日	
現世の甲、後世の乙	九月二十五日	
プロとしての研鑽を怠るな	十月十八日	
鳩摩羅什を得て「道教」隆んなり	十一月八日	
多聞広識であった道安法師	十一月二十二日	
「不吉な地名」と武将たちの対応	十二月四日	
二〇〇四年		
自分を厳しく責める宗教者	一月十七日	29
遺命	一月二十九日	
仏教の中国化を進めた梵漢双挙	二月二十一日	30
三惑から四害へ　宋代以後の変遷	二月二十八日	
眠りたい欲望と格闘した全真教	三月十八日	
古代寺院道観に身を寄せた子ら	四月六日	31
一斛を飲み干す秀眉明目の学者	四月二十二日	
古今の「偽書」の存在意義見直す	五月四日	
飢え来らば喫飯　困じ来らば眠る	五月十八日	32

六朝道教めぐるシンポを聞いて	六月三日	
自殺をする者は復た人身を得ず	六月十九日	
惜しまれて去る禅者と「愚痴斎」	七月八日	
「龍蔵寺碑」に刻むただ一字への想念	八月二十一日	33
没後にも災厄を受けた慈覚大師	八月二十八日	
仏教を嫌った欧陽修の論理	九月二十五日	
考古学的発掘と古代伝承の復権	十月十九日	
「井真成墓誌銘」が伝えるもの（上）	十一月十八日	
「井真成墓誌銘」が伝えるもの（下）	十一月二十日	
西安周辺の史跡探訪への指南書	十二月十四日	

二〇〇五年

旅行記から読む現代中国の変動	一月二十七日	
文革の犠牲者を描く『中国の冬』	二月二十四日	34
鑑真和上の像に天平の昔を偲ぶ	三月十七日	35
原著から三十年　邦訳刊行を喜ぶ	四月二日	
シンポの記録を読み返す楽しみ	五月三日	
中国劉宋時代の革命的仏教思想	五月二十六日	
玄宗が改変した『史記』と『漢書』	六月十六日	36
仏教と神仙思想 顕著な集合の跡	七月五日	
石もうなずいた「闡提成仏」の説	八月四日	
亡き福永光司氏の論文集刊行を喜ぶ	八月三十日	
中国古代史にも登場する「石綿」	九月二十七日	

「釈老の教え」を異端視した時代	十月二十日	
仏教とせめぎ合い仏教に学んだ道教	十一月十五日	
二〇〇六年		
地方神となった後漢の隠者厳光	一月三十一日	37
自民党の「刺客」と史記列伝の刺客と	二月九日	
風水説とは何か	三月七日	38
早春の伊豆に見た花は美しかったが	三月二十一日	39
「疑経」の撰述と仏教の風土順応	四月六日	40
三世、将と為る〝タブー〟の解釈	五月十一日	
離合は循環し　憂喜は相攻む	五月三十日	
「述べて作らず」と〝盗作〟の問題	六月十三日	
一日作さざれば一日食らわず	七月十一日	
女仙の孫たちと王羲之一族の縁	八月三十一日	
仏教に心を寄せた文帝と道教的年号	九月二十一日	41
古代中国の薄葬と嵯峨遺詔への影響	十月十二日	42
中国は「中国」かそれとも辺土か	十一月二日	
天地の中心・天竺	十一月十一日	
墓の頭に糞する鵄	十二月十四日	43
二〇〇七年		
花銜えた百鳥にかこまれた法融	一月十八日	44
卒論の季節に思う	二月八日	45
子路の死と覆醢	二月二十四日	

仏教経典漢訳は偉大な知的冒険	三月十七日	
中国古代の年金制度	三月二十九日	
『徒然草』を再読して	四月十四日	46
遁世と世を貪る心	四月二十九日	
将軍に鞍替えした僧正楊法持の末路	五月十五日	
注釈をあきらめて論文を書いた何晏	五月三十日	47
応変の将略は不得手　酷評された諸葛孔明	六月五日	
梁の武帝と不殺生戒	六月三十日	
太子密建の法	七月二十四日	48
多様な解釈が可能な古典としての『論語』	八月二十八日	
『荘子』の篇名と阿諛追従の解釈	九月十五日	
二〇〇八年	十月二十七日	
仏教に拮抗した隋代の道教勢力	十一月二十七日	
さまざまの「三楽」	一月二十九日	49
道教と仏教の老子像	二月二十三日	50
『牛棚雑憶』が語る「文革」の暗い記憶	三月十八日	
幼童教育の『論語』	四月十五日	
「衆志は城を成す」	五月十三日	
貴賎隔絶の時代の「四海は皆な兄弟」	五月二十七日	
仙界の住人となった後漢時代の大官の話	六月二十一日	51
玄奘も顔負けの法沖禅師の気骨	七月二十四日	
『観音経』あれこれ	八月二十一日	
	九月九日	

「蘭亭序」の運命		九月二十七日	
万物平等を説いたある方術士の伝記		十月二十八日	
顔延之と陶淵明が共有した平等思想		十一月二十五日	
『史記』と『漢書』		十二月十三日	
二〇〇九年			
大学者鄭玄の逸聞		一月二十七日	52
道教に傾倒し『老子』は嫌う		二月二十六日	53
仙人にも貧富貴賤　道教的な〝天界〟観		五月二十六日	54
仏教初伝の珍説		六月十八日	
隠者に厳しい時代		八月四日	54
摘み食い読書の陥穽		十月二十四日	
『沙石集』と『高僧伝』		十一月二十六日	55
二〇一〇年			
孝子と忠臣		一月二十六日	56
受験シーズンに想う		二月六日	57
父母と子とは一体		二月二十七日	58
玄宗皇帝と道教		四月一日	
「一粒の丸薬」の清談		四月二十四日	
陶淵明と五斗米		五月二十日	
父は子の為に隠し子は父の為に隠す		六月二十五日	
著書を古井戸へ		七月十三日	
子は親の慈しみに倣って親を慈しむ		九月二日	59

253

附　「社説」題名一覧

朱子と官僚特権	十月七日	
出家は釈氏の養子	十月二十三日	
二振りの剣の意味	十一月十三日	
尸解仙のからくり	十一月三十日	
二〇一一年		
侯外廬氏追想	一月二十七日	60
古籍に秘められた歴史と数奇な運命	二月五日	
魂は精神を司る精気　井真成墓誌の魂魄観	十月二十五日	61
民に利器多くして国家いよいよ昏し	十一月二十六日	
中江兆民と幸徳秋水　爽快な師弟間の関係	十二月十七日	62
二〇一二年		
権力者に利用されぬしたたかな隠者の話	一月三十一日	
自然破壊と災害　古代中国の警鐘	二月二十一日	63
ブッダの訳語「仏」はいつ使われ始めたか	三月二十二日	64
言葉を超えたものを言葉へと定着させる	四月十日	
後漢代に誕生した二つの道教の教団	五月二十二日	
方丈という言葉の相反するイメージ	七月二十一日	
性と天道については語ることのない孔子	八月四日	
分野によって異なる「盗用」に関する意識	九月十三日	
天子の機嫌を取り詩才を隠した詩人	十月二十三日	65
人の子にして医を知らざるは不孝者	十一月八日	66
競争の原理を超える「推譲の精神」の貴さ	十二月八日	

二〇一三年

棺の中に入れられた儒教の経典の『孝経』	一月二十二日	67
中国では散逸したが日本には残った古書	二月二十三日	68
二〇〇〇年後の盗掘で世に出た王羲之の書	三月十九日	69
鳥たちのことばを聞き分けた人たち	四月十一日	
無垢な心を養いつつ生きた後漢の自由人	四月二十七日	
天子だけが目にした神秘的な「讖緯」の書	五月二十一日	
釈尊をテーマにした敦煌出土手習い手本	六月二十五日	70
鳩摩羅什と僧肇の殺害説を伝える書	七月二十日	
儒教徒の排仏論と僧侶の剃髪の意味	九月五日	71
己の悪行善行を量る「功過格」の道徳思想	九月二十八日	
大隠は朝市に住まい　中隠は「吏隠」となる	十月二十六日	
人間の本性と天道を語らない儒教の経典	十二月三日	

二〇一四年

唐王室の始祖として祭り上げられた老子	一月二十一日	
信仰と一線画した陳国符氏の道教学	二月二十五日	
民衆に害があれば全て為政者の責任	三月十五日	
王朝末の皇帝たち　天子の家に生まれた悲運	四月二十五日	
碑銘のなかの美辞麗句　墓中におもねる文人たち	六月十一日	72
梁の武帝と太子　宦官の策略が生んだ亀裂	七月九日	

装画：森　華
『新鐫六言唐詩画譜』より模写、一部加筆加工

吉川忠夫（よしかわ　ただお）

1937年、京都市生まれ。京都大学文学部史学科卒業、同大学院文学研究科博士課程単位取得退学。東海大学文学部専任講師、京都大学教養部助教授を経て、京都大学人文科学研究所助教授、同教授。2000年、停年退官、京都大学名誉教授。花園大学客員教授、龍谷大学文学部教授を経て、同大学客員教授。日本学士院会員。〔主著〕『劉裕』（人物往来社。後に中公文庫）、『王羲之――六朝貴族の世界――』（清水新書、清水書院。増補して岩波現代文庫。後に清水書院「新・人と歴史 拡大版」）、『侯景の乱始末記――南朝貴族社会の命運――』（中公新書。後に増補して志学社選書）、『六朝精神史研究』（同朋舎出版）、『中国古代人の夢と死』（平凡社選書）、『魏晋清談集』（講談社）、『書と道教の周辺』（平凡社）、『中国人の宗教意識』（中国学芸叢書、創文社）、『読書雑志――中国の史書と宗教をめぐる十二章――』（岩波書店）、『顔真卿伝――時事はただ天のみぞ知る――』『六朝隋唐文史哲論集Ⅰ――人・家・学術――』『六朝隋唐文史哲論集Ⅱ――宗教の諸相――』（いずれも法藏館）、訳書に『訓注 後漢書』全11冊（岩波書店）、『高僧伝』全4冊（船山徹氏との共訳、岩波文庫）など。

三《さん》余《よ》続《ぞく》録《ろく》

二〇二一年九月二五日　初版第一刷発行

著　者　吉川忠夫
発行者　西村明高
発行所　株式会社　法藏館
京都市下京区正面通烏丸東入
郵便番号　六〇〇－八一五三
電話　〇七五－三四三－〇〇三〇（編集）
〇七五－三四三－五六五六（営業）

装　幀　森　華

印刷・製本　中村印刷株式会社

ISBN 978-4-8318-7748-2　C0022

顔真卿伝	時事はただ天のみぞ知る	吉川忠夫著	二、三〇〇円
六朝隋唐文史哲論集Ⅰ	人・家・学術	吉川忠夫著	一〇、五〇〇円
六朝隋唐文史哲論集Ⅱ	宗教の諸相	吉川忠夫著	一一、五〇〇円
六朝隋唐仏教展開史		船山　徹著	八、〇〇〇円
敦煌から奈良・京都へ		礪波　護著	二、五〇〇円
鏡鑑としての中国の歴史		礪波　護著	二、五〇〇円
婆藪槃豆伝	インド仏教思想家ヴァスバンドゥの伝記	船山　徹著	二、五〇〇円
全訳　六度集経	仏の前世物語	六度集経研究会訳	三、五〇〇円

法藏館　　価格は税別